北京城好石碑

闫霞／著

北京日报出版社

图书在版编目（CIP）数据

北京城好石碑 / 闫霞著. -- 北京：北京日报出版
社，2025.6. -- ISBN 978-7-5477-5171-8

Ⅰ. K877.4

中国国家版本馆CIP数据核字第20256RD668号

北京城好石碑

责任编辑：胡丹丹　江起宇

出版发行：北京日报出版社

地　　址：北京市东城区东单三条8–16号东方广场东配楼四层

邮　　编：100005

电　　话：发行部：（010）65255876

　　　　　总编室：（010）65252135

印　　刷：雅迪云印(天津)科技有限公司

经　　销：各地新华书店

版　　次：2025年6月第1版

　　　　　2025年6月第1次印刷

开　　本：880毫米×1230毫米　1/32

印　　张：10.25

字　　数：300千字

定　　价：78.00元

　　当晨光抚过万宁桥的镇水石兽，当暮色浸染钟鼓楼的飞檐戗角，那些静默矗立千百年的石碑便悄然苏醒。它们不是冰冷的石头，而是镌刻着文明基因的立体典籍，是凝固时光的叙事诗卷，更是古都北京用最坚硬的材质守护的最柔软记忆。在这座有三千多年建城史的城市里，碑刻如同穿越时空的密码本，以阴阳刻痕编织着多元文明的经纬，用金石之声传唱着永不褪色的史诗。

　　若将北京城比作一部打开的史册，中轴线便是贯穿千年的书脊。在这条南北延展的文明动脉上，矗立着两座堪称"帝都双瞳"的御碑：北端钟楼内乾隆帝御制重建钟楼碑，以梁诗正笔走龙蛇的楷书，将江南文脉的灵秀悄然注入燕蓟雄浑的骨骼；南端燕墩乾隆帝御制碑则如定海神针，将"在德不在险"的治国哲思熔铸于"右拥太行左沧海"的军事地标。这两方石碑一北一南，恰似太极图中的阴阳双鱼，将形胜之险与德政之仁化生为永恒的城市密码。而积水潭畔的汇通祠乾隆帝御制诗碑，则如镶嵌在运河源头的祖母绿，闪耀着郭守敬引白浮泉水入大都的智慧光芒；从元代"舳舻蔽水"的漕运盛景到清代水文治理的生态智慧，积水潭的命运变迁见证了数百年间时代的更迭。

帝王将相总爱借石言志，康雍乾三代帝王留下的御碑堪称石质版的《资治通鉴》。立于雍正年间的广宁门外石道碑记载着耗帑金八万两"清代高速公路"的史实，由此可见雍正帝的务实创新精神；立于乾隆年间的普胜寺重修碑的九龙首僧帽顶，在炫技般的工艺巅峰中，暗藏着羁縻蒙藏的边疆经略。这些御碑既是权力美学的具象化呈现，更是时代精神的切片标本——雍正帝严谨的碑文中透着的"潮人"本色，文渊阁御制诗碑华丽辞藻下暗藏的知识浩劫，都在石面上凝结成极具张力的历史表情。更有意思的是，不同文明的碰撞在石质媒介上迸发出耀眼的火花：建造金陵的女真政权因汉化仿汉制而强却又因过度汉化而亡。

漫步碑林如同解码文明基因库，每道刻痕都是文明嬗变的遗传密码。北海公园铜塔须弥座上的盛世纹饰，在经历日军劫掠与"文革"动荡后，依然执着地诉说着孝道伦理的永恒价值；隆福寺藻井的非遗匠心化身为冰箱贴，将古建瑰宝的精巧纹饰凝于方寸之间，携着近六百年时光印记跃然于现代生活中，正掀起一股传统美学符号的收藏热潮。这些穿越时空的石头，像极了老北京胡同里的街坊，用沧桑面容讲述着未被史册记载的市井传奇。就连清宫秘史也在石碑中显影：由成亲王永瑆书写碑文的裕陵圣德神功碑墨痕未干，宗人府残碑已揭开多尔衮从被扒坟掘墓到乾隆帝为其平反的翻案风云，佟佳氏墓地之石牌坊坊额上的"仁善谨恪"御笔则镌刻着"佟半朝"显赫门庭的兴衰密码。

最动人的莫过于民族精神的石上交响。耶律楚材祠与文天祥《正气歌》刻石构成的阴阳双璧,让元代贤相的儒家风范与南宋忠魂的浩然正气,在燕山脚下完成多民族文明的终极和解。田义墓石翁仲腰间革带上的胡人驯狮浮雕中,卷发胡人执杖驯狮的细节,悄然露出了明代早期大航海时代的中西文化碰撞的冰山一角。而居庸关仙枕石上的藏文真言与嘉靖纪捷铭文,则使居庸关军事要塞的角色转化为民族共治的露天博物馆,四米高的巨岩承载的不仅是元明四百余年的边疆烽火,更是"多元一体"的治国智慧。"'大龙'举荐,'小龙'治水",两位于成龙在永定河畔书写着"河清海晏"的理想主义篇章。

这些沉默的石头见证着文明的韧性:索尼的孙女黑舍里氏七岁夭折却享超规格葬仪,满汉合璧的墓志与成化斗彩随葬品,默默诉说着康熙朝的文化融合;五塔寺"披发狮子碑"上,曹学闵以文铸魂,风骨深镌于碑版,冯廷丞以墨传神,筋骨尽显于刀锋。从昆明湖畔的元代重臣耶律楚材祠到曲阜孔庙康熙帝御制碑,从灵光寺招仙塔的佛牙传奇到隆福寺藻井的星象图,石碑早已超越简单的纪功载体功能,成为文明记忆的基因图谱。当65吨重的儒学丰碑沿大运河千里转运,当600民工喊着号子在冰道上拉动巨型石碑,康熙帝在孔庙的三跪九叩便不再是简单的政治表演,而是多民族对精神原乡的共同朝圣。

北京城的石碑如同散落在不同时空的一块块拼图,碑刻则是打开历史迷宫的阿里阿德涅线团。这些刻有文字或图案的石碑或许没有青铜器的神秘光环,不及瓷器玉器的精致讨巧,但这些栉风沐雨的石质典籍，始终以最本真的方式守护着城市的集体记忆。当我们驻足在长满苍苔的碑阴前，指尖拂过漫漶的刻痕，仿佛能感知到古人书写时的呼吸频率——乾隆帝挥毫时的帝王意气，梁诗正运笔时的文人风骨，冯廷丞镌刻时的战战兢兢，都在石质的纹理上留下永恒的体温。

《北京城好石碑》愿作一把打开石上文明的钥匙，带您聆听这些"石史官"的低语。它们不仅是帝都沧桑的见证者，更是参与文明构建的叙述者。这些穿越千年的石头，正以独有的方式提醒着我们：文明的基因密码不仅存在于博物馆中，更流淌在街巷肌理与市井呼吸的共鸣里；城市的记忆图谱不囿于典籍册页的静态封存，更跃动在石刻纹路与现代凝视的时空对话中。且让我们翻开这部大地之书，在碑刻的丛林里，寻找属于每个中国人的文化基因。

目录

青史有名

皇城余晖

两根石柱解锁北京城的历史密码

在北京西南二环广安门外的北京滨河公园内（位于辽、金时期宫城的中轴线上），矗立着一座高大的蓟城纪念柱，柱上榜文写道："北京城区，肇始斯地，其时惟周，其名曰蓟。"大致意思是说，这里乃北京城市发源地，起始于周朝，那时名字唤作蓟。如今，蓟城纪念柱已经成为北京建城之始的纪念性标志物。

鲜为人知的是，这座1995年建造的蓟城纪念柱，与北京石刻艺术博物馆的镇馆之宝——建造于105年的秦君神道石柱有异曲同工之处。蓟城纪念柱完美复刻了秦君神道石柱从柱础、柱身到石榜的整体造型和装饰细节，在榜文之上添加了阙顶，以回纹装饰将榜文与阙顶连接在一起。秦君神道石柱包括柱础在内高度为2.52米，蓟城纪念柱高度为10米，几乎是将秦君神道石柱等比放大四倍，且别出心裁地将其成对的石柱变成了一座独立的纪念柱。这对相隔一千八百九十年的"孪生兄弟"，让近两千年时光在建筑语言中完成接棒。它们不仅镌刻着北京建城三千多年的历史密码，更暗藏着一个关于汉代墓葬文化的惊天秘密，引领人们展开一场跨越时空的对话。

北京广安门北护城河西岸的北京滨河公园内蓟城纪念柱

汉、唐时期墓葬区内发现的北京城第一古石刻

北京市石景山区上庄村村西有座山，俗称老山，东距八宝山约200米。老山、八宝山一带位于北京市区的西部及西北部，地处华北平原北部边缘与太行山余脉——西山山脉交会地带，老山之北为金代金口河故道，依山拥水，自古以来就是人类的宜居之地。这里是汉、唐时期的墓葬区，1965年在八宝山革命公墓之西发现了西晋王浚妻华芳墓，其墓志中有关蓟城方位的记载，为确定西晋蓟城城墙的位置提供了重要依据。

1964年6月3日及4日，在北京市石景山上庄村老山北坡约100米处，当地群众在采石过程中发现了石柱、石阙顶、石柱础。6月8日，北京市文物工作队开始做正式清理，又发现了石柱、石阙顶、石柱础等石构件。石柱、石柱础、石阙顶雕刻题材丰富、技法高超，既有人物，又有鸟兽，以及莲瓣纹、直棱纹、菱形纹、三角纹等纹饰，还有石刻铭文，这些反映了东汉时期人们的信仰和生活，是汉代厚葬风俗的一个明证。

其中一圆石柱柱身通雕瓜棱纹，垂莲纹饰绕柱一周。柱首部雕两只螭虎，螭虎以四足攀缘于石柱之上，头部有双角，肩部有双翼，尾部绕于柱后相交，其头部呈一百八十度向后回转状，极具动感。东汉时期，石虎、石狮雕刻的典型特征主要表现在对其腰部与后胯的刻画上，肌肉感强烈，比例协调，生动自然。其中一方石柱正面刻一手持兵器的武士，其上端刻一只飞翔状的朱雀，武士及朱雀的左侧及顶部有锯齿纹框。此外，该石柱的左侧面雕刻有一飞龙。其中一石阙顶里侧有一个雕刻菱形的藻井，因为酷似柿子底部的萼片，被考古学家称作"柿蒂纹"。这种纹饰的藻井在山东、河南、安徽、江苏等地的东汉画像石墓中都有发现。

这批石刻中有六块有铭文，其中两块是刻在柱额上的"汉故幽州书佐秦君之神道"十一字铭文，字迹清晰，苍劲有力，采用阳刻方式刻成，被书法界公认为汉代隶书的精品。石阙铭文字体在隶篆之间，以体势而论，"汉""幽""秦""君""之"这五字近篆体，另外"故""佐""道"是隶书，其余三字则在二者之间，线条瘦劲刚健，用笔以方折为主，圆转为辅，是由篆体向隶书过渡阶段的书休。其中"幽州"二字在北京地区石刻中首次山现。

一方石柱正面刻"永元十七年四月□令改元元兴元年□十月鲁工巨宜造"，这对石刻断代来说是一个极为重要的资料。该石柱左侧面中间有以"乌还哺母"为题的铭文，用乌鸦的"反哺"来表达子女对父母的孝心，铭文为墓阙及石柱确定建造年代和建造缘由提供了重要的实物佐证。

1964 年北京市石景山区老山北坡出土的秦君神道石柱

秦君神道石柱柱额上"幽州"二字在北京地区石刻中首次出现

　　秦君神道石柱石刻为东汉和帝永元十七年（105 年）建造，是北京地区东汉时期墓上建筑的唯一遗存，为北京地区继新石器时期石雕艺术品后的最早发现，是北京地区最早的石刻文物，也是目前国内发现的东汉时期神道石柱中保存最为完整的一对，对研究中国古代陵墓石刻具有重要的参考价值，是文物考古界以及美术界十分重视的一组石刻文物。这组文物被评定为国家一级文物，现收藏于北京石刻艺术博物馆。

两汉"享堂碑阙时代"中一个小人物的大排场

　　中国人一直有"事死如事生，事亡如事存"的风俗习惯，厚葬是有汉一代的整体风气。汉代堆土为坟的风气极为盛行，而且竞相高大：墓域上普遍设置神道和石刻群，包括石柱、石阙、石碑、石刻人物或动物像、石祠等；葬具豪华，随葬品多，食物、衣料、各种器皿及生产工具等等经常出现于汉墓中，为随葬专门制作的器物模型——明器逐渐增多，如井、磨、田地、船等模型及猪、狗、羊、鸡、鸭等家畜和家禽的偶像，陆续出现。至西汉时期，随着人类对灵魂的敬畏和"事死如事生"观念的传播，重视陵墓建设，建陵园、辟神道、设享堂、建祠庙，成为一种社会风尚，石阙就是陵墓建设中的重要组成部分。河北满城西汉中山靖王刘胜及其妻子窦绾之墓，共出土金器、银器、漆器、玉器、丝织品等遗物 10000 余件，其中包括金缕玉衣、长信宫灯、错金博山炉等著名器物。江西南昌西汉海昏侯刘贺的墓葬更是极尽奢华，出土 10000 余件（套）珍贵文物，其中包括失传一千八百年之久的《齐论语》在内的竹简5200 余枚，金器 378 件，以及刘贺的玉印、编钟等。

　　阙是中国古建筑中一种特殊的类型，一般由台基、阙身、屋顶三部分组成。陵墓阙位于陵墓之前，两相对称，中阙为道，是陵墓神道的入口大门。修建墓阙一般以石料为主，往往会雕镂工丽。阙上常常勒题额，或标官氏，或兼标官职姓字，或兼记官氏名字，等等。东汉时盛行在墓域上修筑祠堂，多用石材建筑，东汉石祠现存有山东长清区孝堂山郭氏墓石祠和山东嘉祥县武氏石祠，内有大量雕刻画像。秦君墓前的表阙就是汉代幽州地区的墓阙规制的通行做法。

　　"百代皆行秦政法"，秦汉是中国封建社会制度的奠基期，也是中国陵墓制度确立时期。秦汉时期，汉代厚葬之风是从西汉中期开始盛行的，至东汉时期则有过之而无不及，愈演愈烈。梁思成先

生在《中国雕塑史》一书中，
称两汉为"享堂碑阙时代"。
西汉早、中期，只在帝王陵墓
才能置阙。到了西汉晚期以及
东汉设阙制度开始松弛，无论
是达官显贵或是一介平民，只
要财力允许，皆可置阙，所以
阙的设置趋于繁盛，符号作用
也更加明显，到东汉更是走向
世俗化。这种墓前阙或墓内阙

秦君神道石柱柱额上"汉故幽州书佐秦君
之神道"阳刻铭文拓片

不但具有"天门"（即天国或仙界的入口）之意，还可配合其他相
关图形表达墓主生前情况，以及死后想要进入天国继续过着在人世
间自由自在生活的这一愿望。

　　据秦君神道石柱中的额篆记载，墓主秦君是东汉和帝时的一个
主管官府文书的书佐，汉代从中央至郡县都设有书佐，书佐司职文
书起草、缮写等书记事。当时建造这类神道石阙的费用是惊人的，
据山东济宁嘉祥县武氏石阙铭记载，"使石工孟季、季弟卯造此阙，
直钱十五万，孙宗作师（狮）子，直四万"。以此估算，秦君墓前
的表阙，费钱至少在二十万。秦君墓这组石刻规模宏大、刻工精美，
体现了当时的厚葬之风，具有很高的艺术性。这位秦姓书佐的墓圹
目前尚未发现，秦君神道石柱及墓阙残件应当只是墓主墓域众多建
筑的一小部分，对这个墓主目前还没有更多的发现和认识。墓主秦
君的官职并不高，其后人秦仙为什么要营造这样一座远超过其家族
身份地位的墓葬呢？

以孝治天下、"求忠臣于孝子之门"是汉朝选官制度的特色

先秦选官制度为世卿世禄制，秦朝则采用军功授爵制，到了两汉时期提倡以孝治天下，"求忠臣于孝子之门"是汉朝选官制度的特色。汉朝选官制度在参考孝悌思想的基础上，实行孝廉察举制度，地方属吏进入朝廷一般要经过两种选举程序之一，公府辟召或孝廉察举。

孝廉察举是两汉察举制度的主要内容，是由国家统一掌握的、自下而上考察推荐的人才选拔方式，要求被推举者具有良好的道德修养与起码的从政能力，东汉时期察举的科目由繁杂而简约化，孝廉成为察举的主要科目，并一度增设考试环节，察举考试开始制度化。"孝"成为当时人们评价一个人的重要标准。

孝廉察举以"孝"立科，汉惠帝、汉文帝时都曾大力奖励孝悌者，形成了"孝治为先"的社会风气。两汉实行三百多年的察举制度，为朝廷选出了许多人才。

因两汉时期盛行"求忠臣于孝子之门"，所以厚葬长辈是后人立身扬名的一种手段。秦仙之所以建造这样一座远超其家族身份地位的墓葬，既是表达对先人的孝敬与追思，也是当时人们借此博取名声、谋求仕途的一种常见做法。到了东汉后期，地方选举权为少数公卿大臣、名门望族所控制，使得察举范围越来越狭窄，出现了任人唯亲、搞小圈子和私相授受的弊端。汉儒的仁政德治、礼乐教化和君子治国等思想，所倡言的仁义忠孝，都是那个社会的基本道义观念。在求者众多的情况下，士人们为争取到被察举的资格，势必不择手段，唯求浮华虚声。"废事生而荣终亡，替所养而为厚葬"，

民间在竞相厚葬之风的影响下，为厚葬其亲而债台高筑，甚至倾家荡产者大有人在。

众多深受孝观念熏陶的文人或士大夫也反对厚葬之风，像无神论者王充、进步思想家王符等，都曾撰文痛斥厚葬之风的非礼和危害。随着东汉的崩溃，察举制也走到了末路。三国时期曹魏的陈群创立九品中正制，选官制度经两晋南北朝的演变发展，到了隋唐时期出现科举制度，直到清末，科举都是官员选拔的基本途径。后来近代西方国家的文官制度借鉴了中国的科举制，这也是中国对世界政治制度的一大贡献。

秦书佐的后人秦仙建造这么规模宏大的陵墓石刻，一方面可能是感念先人，另一方面也是为自己扬名立万，为自己的仕途铺路。汉惠帝、汉文帝时期都曾经大力地表彰孝悌之人，秦仙到底有没有被举孝廉呢？他的人生之路有没有发生什么样的改变呢？这位秦姓书佐的墓圹目前尚未找到，看来只能期待以后北京地区的考古新发现了。

一方北宋残碑背后的针灸历史

北京石刻艺术博物馆收藏有一方宋代《新铸铜人腧穴针灸图经》碑残石，这是考古人员在明城墙墙基下发现的。这方石碑原本远在开封，为何会出现在北京呢？这方石碑背后又有怎样曲折的故事呢？

北宋针灸文物的发现

1965 年到 1971 年，当时的北京市文物管理处组织考古挖掘，在配合拆除明代城墙的考古挖掘中，考古人员陆续在位于崇文门东 400 米处和朝阳门南 500 米处的明代城墙墙基下，发现了宋代《新铸铜人腧穴针灸图经》碑残石五方。这些刻石被毁作修筑城墙基石之用，每块刻石都有凿击痕迹，已成断残废石。

1983年4月，在朝阳门南大街雅宝路东口明城墙墙基下，考古人员又发现了两方石碑残石。经考证，此为北宋天圣五年（1027年）至天圣八年（1030年）所刻针灸图经残石。先后出土的这七方残石（其中含石雕仿木结构建筑单坡屋檐一块），是研究宋代针灸学的重要史料。

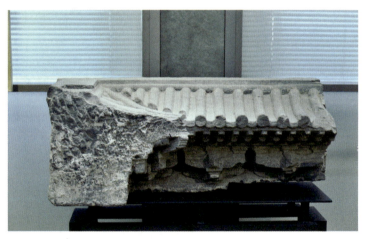

《新铸铜人腧穴针灸图经》碑檐残构件

这些针灸图经为什么会被刻在石碑上呢？北宋天圣四年（1026年），医官王惟一奉敕编著《铜人腧穴针灸图经》（又名《新铸铜人腧穴针灸图经》）。次年，朝廷将此书摹印颁行，同年十月，王惟一奉仁宗之命，设计并铸造了两座针灸铜人，即"天圣铜人"，其中一座放在医官院供教学使用，另一座放在汴京（今河南开封）大相国寺仁济殿（针灸石壁堂）珍藏。差不多同时期，朝廷将医书刻石成碑，将其一并安放于大相国寺仁济殿内。

宋代通行全国的"针灸教材"

　　经过唐朝末年的战乱和五代十国数十年的分裂，宋朝再次实现中国历史上的大一统，虽然这个统一比较牵强，"成色"不足，但毕竟国家有了较长时间的相对稳定，经济发达，文化繁荣，科技发展。中国古代四大发明中的印刷术、火药、指南针都在宋朝有了巨大进步和发展；北宋时期还出现了世界上最早的纸币——交子；我们熟知的"唐宋八大家"，其中六位是宋人……国学大师陈寅恪先生曾说："华夏民族之文化，历数千载之演进，造极于赵宋之世。"

　　宋代社会进步是全方位的、整体性的，经济繁荣进步的成果也反映在医学科学和医疗事业的发展进步上。宋朝统治者对医学十分重视，设有翰林医官院和太医局，主管医疗和医学教育事业。朝廷还将太医局的药方加以修订，公开出版，名为《太平惠民和剂局方》。《铜人腧穴针灸图经》和天圣铜人的出现，就是这一时期医学进步的标志性成果之一。

　　王惟一是北宋仁宗时期的著名医学家，天圣四年（1026 年）奉诏主纂官修《新铸铜人腧穴针灸图经》，图经记载了 354 个穴名，单穴、双穴总计共有 657 个穴位。次年，王惟一奉命根据图经内容，用青铜铸造了两具针灸铜人，由于铜人铸于天圣年间，故又称天圣铜人。铜人由青铜铸成，大小仿真人，为男裸身像，做站立姿势，体腔及四肢中空，四肢腔内装有木质骨骼模型。铜人由特制插头相连，可以拼拆。体表涂有亮漆，用黑漆标明经脉循行路线和腧穴在人体的部位，腧穴名称用错金文字旁标。每逢医工考试时，会将铜人外表涂上黄蜡用以覆盖住穴位及其名称，再将其体内灌上水银（也有的说内注水），让医工按穴试针，中穴则水银流出，稍差便刺不中。宋代周密《齐东野语》载："俾医工以分折寸，按穴试针，中穴则针入而水出，稍差则针不可入矣，亦奇巧之器也。"铜人对针灸穴位的统一和确定，起了很大作用，这是宋代在针灸学上的伟大发明。

宋仁宗下令将其中的一座铜人放在大相国寺的仁济殿，让往来人们参观。另一座放在当时的医官院内，供医生们实习针灸穴位，熟悉人体构造用。《新铸铜人腧穴针灸图经》印刷颁行全国，并被规定为法定的针灸典籍，凡针灸医生和太医局针灸科医官必须以其为必读之书。为使《新铸铜人腧穴针灸图经》永存于世，在刊印流传的同时，还刻文于石碑之上，立于大相国寺仁济殿。

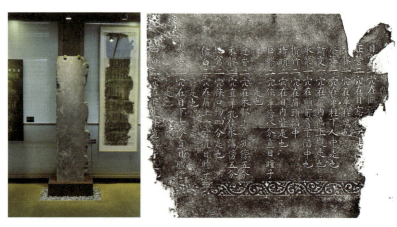

北宋《新铸铜人腧穴针灸图经》碑残石及其部分拓片

《新铸铜人腧穴针灸图经》一书、天圣铜人、《新铸铜人腧穴针灸图经》刻石，从此成为太医局针灸科医官教学必备教具，并应用于针灸教学和考试，使针灸学理论在宋代首次实现了标准化和统一，这标志着我国针灸医学的发展进入了一个新的阶段。

那么这些石刻又是如何从开封被移至北京的呢？

针灸铜人的命运

北宋王朝抑武重文，一方面推动了社会经济高度繁荣和文化事业大发展，另一方面也使军事力量孱弱，在与北方少数民族政权辽、西夏、金的对抗中逐渐落了下风。1127 年发生"靖康之变"，金军攻破汴京，俘虏了徽宗、钦宗二帝及大量赵氏皇族、后宫妃嫔与朝臣、技工，金军将宋都大量珍宝金玩和古物图籍掳掠一空。混乱之中，两具针灸铜人相继流落民间。据传 16 世纪时，一具铜人被发现，辗转流入朝鲜，被日本人加藤清正得知后掠至日本，不久后出现仿制的宽文铜人和小木人。另一具针灸铜人在"靖康之变"后不久，辗转流落至湖北襄阳，被曾任京湖制置使赵方的儿子赵葵得到，献给南宋朝廷，后被南宋朝廷送给蒙古。

灭北宋后的金朝迅速腐化，很快就被另一个更强大的新生游牧民族蒙古政权所灭。忽必烈于 1264 年以燕京（今北京）为中都，是为陪都，1271 年定国号为元。1279 年，元出兵南下，灭亡南宋。饱经战火、流传到蒙古的天圣铜人受损严重，其关膈脉络大多损坏失灵，忽必烈令入仕蒙元的尼泊尔艺术家阿尼哥修复铜人。阿尼哥经过精心修理，将铜人修复一新。《元史·工艺传》称："至元二年，新像成，关鬲脉络皆备，金工叹其天巧，莫不愧服。"阿尼哥由此声名大噪，以后忽必烈又把一些修寺、建塔、雕塑方面的重要任务交给他去完成。

　　元至元年间，安抚使王楫将《新铸铜人腧穴针灸图经》刻石从汴京移到元大都，放置在皇城以东明照坊太医院三皇庙的神机堂内，即今北京东城灯市口以北一带。到了明英宗时期，已有四百多年历史的铜人，其上经脉昏暗难辨，当年同时期镌刻的石刻图经文字也已漫漶不清。明英宗下令重新镌刻图经刻石，删去了"新铸"二字，增添了英宗序言，又刻记了铜人和刻石的沿革，定名为《铜人腧穴针灸图经》。同时仿造天圣铜人新铸了一座针灸铜人，人们将其称为"正统铜人"。从此，北宋天圣铜人留在了明宫，仿制的铜人和图经刻石被安置在太医院的药王庙内，地点在今劳动人民文化宫东南一带。1368 年，明灭元，将铜人由三皇庙迁入内府收藏。明末战乱迭起，这具天圣铜人也不知所终。明清易代，明正统铜人为清

国家博物馆藏"明正统八年（1443 年）仿宋针灸铜人"

廷所得，铜人头部断裂，到顺治年间才被修复，放置在北京药王庙，以后又移入太医院。道光二年（1822 年），清政府下令停止在太医院中施行针灸疗法。明代重刻的针灸图经刻石也在此时被毁，下落不明。进入 19 世纪后，清王朝走向衰落。1900 年八国联军入侵中国，包括正统铜人在内的大量珍贵文物被劫掠。

　　后来在拆除明代城墙考古挖掘时，宋代图经刻石得以重见天日。这时我们才知道，原来消失多年的北宋针灸图经石碑，在明朝时被当作修筑城墙的基石，填埋在了城墙地基下，如今它经历了悠悠岁月，又出现在我们面前。珍贵的历史文物是一个民族前进的化石，是沧桑岁月遗赠给后人的文明精粹。北宋天圣铜人、明正统铜人、清光绪铜人以及宋、明图经刻石，艺术水平高超，令人在感叹古人聪明才智的同时，也为文物的坎坷命运和朝代兴亡不胜唏嘘。

京华名刹隆福寺御制碑

　　建成于明代的隆福寺，历经岁月洗礼，遗留下的一组雕刻精美的藻井、两通高大雄浑的石碑，分别藏于北京古代建筑博物馆和北京石刻艺术博物馆，它们是明清两朝的一个历史缩影，承载了丰富的历史文化信息。我通过数次走访和梳理史料，拨开云雾，为大家串联还原出"隆福古寺"至网红打卡地"隆福寺街"的流变过程。

先农坛的精美藻井，可与西斯廷教堂穹顶壁画相媲美

　　春节后，几个朋友相约到位于北京中轴线南端

先农坛内的北京古代建筑博物馆参观游览。原本以为这里只是一座讲述中国古建筑演变发展历程的博物馆，一番探寻后才发现馆内深藏珠玉，别有洞天。特别是太岁殿内的一组古代建筑构件——藻井，格外引人注目。大家不觉驻足观赏，同行的一位书画界的朋友不禁惊呼："这是可与西斯廷教堂穹顶壁画相媲美的东方瑰宝啊！"

藻井是我国传统建筑中规格较高的室内装修手法，一般用于殿堂的正中，如帝王宝座、佛像座之上。太岁殿内展出的藻井中，又以"隆福寺万善正觉殿位于中间释迦牟尼佛上方的藻井"最为精美，也最具代表性。

整座藻井在方井中含圆井，圆井中又含方井，四角立着四大力士雕像。藻井从下至上共分为六层，每层圆形主框架上均细雕云纹图案，最上方顶盖板上绘有一幅采用沥粉贴金工艺的星象图，繁星点点。在第一、二、三、五层上布置琼楼玉宇状的天上宫阙，彩云缭绕之中众多神仙分列其间，第六层的壁板、天花间彩绘二十八星宿神像，栩栩如生，惟妙惟肖。这组美轮美奂的藻井，不仅是一座稀世艺术珍宝，而且在建筑史、天文史方面也具有极为宝贵的价值。

就在隆福寺建成的八年前，罗马西斯廷教堂开始修建，"文艺复兴三杰"之一的米开朗琪罗用了近四年的时间，终于在教堂整个长方形大厅的屋顶完成了

现藏于北京古代建筑博物馆的隆福寺藻井（供图：熊炜）

27

《创世记》，这是西方宗教艺术和绘画艺术的集大成者。艺术是最具民族性的文化，隆福寺正觉殿藻井与西斯廷教堂壁画在观看时都需采取仰视的方式，如果说西斯廷教堂穹顶壁画是名声在外、风头无两的西方贵妇，那么隆福寺正觉殿藻井就是"养在深闺无人识"的东方少女，它的价值和魅力还有待人们进一步发现、发掘。

见我们对藻井颇感兴趣，陪同的友人饶有兴致地给大家讲起了藻井背后的故事。原来这组藻井并非出自先农坛，隆福寺才是它的"老家"。而隆福寺是明清皇家寺院，小小一组藻井就如此惊艳，作为曾经享誉一时的京城古寺名刹，它是否还遗留下来别的什么文物呢？

隆福寺创建碑，记述了敕建该寺的原因及寺内建筑的情况

之后经过多方探寻，终于得知北京石刻艺术博物馆（位于五塔寺）收藏有隆福寺的石碑，我们立刻决定去探访一次。

从地铁9号线国家图书馆站出来，沿着长河岸边向东走四五百米，到北京动物园西北门对面，就是我们此行的目的地——五塔寺了。

五塔寺最近几年热度持续上升，是远近闻名的网红打卡地。进入馆内，首先映入眼帘的就是被称为"小柬埔寨"的金刚宝座塔。只见长方形的平台之上矗立着五座小塔，神似东南亚的吴哥窟，带有浓郁的异域风情。

金刚宝座塔周围碑石如林，在碑石中绕了一大圈，我们终于在

寺观碑刻区内找到了立于明景泰四年（1453年）四月的隆福寺创建碑。此碑为青白石质地，通高6.66米，是经典的螭首龟趺御制碑形制，可以说是罕见的丰碑伟制了。

细看这通碑，发现隆福寺创建碑碑文为明代宗朱祁钰御制，至今仍清晰可辨。通读下来，前半部分为明景泰三年（1452年）六月十八日敕谕，表达了皇室治理天下、造福百姓的决心，特别提到了崇佛是旧有传统，佛道可以"导善化恶，救灾恤患，召福致祥"。后为御制新建大隆福寺之碑碑文，记述了敕建大隆福寺的原因及寺内建筑的情况。

正统十四年（1449年）蒙古瓦剌部大军来犯，明英宗朱祁镇听信亲信宦官王振的建议，御驾亲征，却在土木堡兵败被俘，五十万明军精锐伤亡殆尽。瓦剌首领也先统率大军挟持英宗进逼北

明代隆福寺创建碑与清代隆福寺重修碑

明代隆福寺创建碑碑额拓片

京，消息传来，京师人心浮动、一片惶恐。危急关头，在太后和兵部尚书于谦等大臣的支持下，留后监国的郕王朱祁钰登上皇位，改元景泰，并遥尊英宗为太上皇。代宗继位后，重用于谦、石亨等主战派，粉碎了瓦剌大军对北京城的多次进攻。后来，由于全国各地多路勤王军队陆续抵达北京，加之进攻北京的军事策略失利，让也先挟持英宗以要挟明廷谋利的阴谋落空。北京保卫战取得大胜，明王朝也转危为安。

景泰元年（1450 年），英宗被释放回京，此时已经坐稳皇位的代宗在巨大皇权的诱惑下，不愿还位于自己的那个曾经被俘、让帝国蒙羞的皇兄，但又对失去权力的英宗十分忌惮。代宗为了防止英宗复辟夺权，不顾大臣们的反对，将已经成为太上皇的英宗安置在内城的南宫，名为供养，实为软禁。代宗还违背自己继位前对太后和大臣们的承诺，于景泰三年（1452 年），不顾朝廷内外的反对，废掉英宗的儿子、原皇太子朱见深（即后来的成化帝），改立自己的儿子朱见济为太子。这一出尔反尔之举，一方面损害了代宗的声誉，另一方面也激起了英宗对代宗的怨愤，这也是后来"夺门之变"发生的又一重要诱因。

敕建寺院，钩沉出一段跌宕起伏的明中期皇权政治斗争往事

明代除明世宗朱厚熜崇信道教和道士外，其他帝王和皇室大多亲近佛教。代宗也认为佛教能起到引人向善、教化民众的作用，于是命工部在紫禁城东侧修建隆福寺。在隆福寺的营建过程中，由于

代宗的默许，将南宫内外的大树肆意砍伐，还拆掉了南宫翔凤等殿的石栏杆，供建寺之用。这实际上是对当时被幽禁于南宫的英宗的又一政治打击，背后难掩代宗借此立威的政治图谋。

从史料中我们知道，隆福寺始建于明景泰三年（1452 年）六月，于次年三月建成。整个建造过程动用了大量工匠和军夫，仅用一年多的时间就完工了，其中督办人员多为太监和朝廷重臣，如太监尚义、陈祥、陈谨，工部左侍郎赵荣、兵部尚书于谦也参与了隆福寺的修建。太监尚义奉事皇家建筑约五十年，效力于成祖、仁宗、宣宗、英宗、代宗五位皇帝，永乐年间曾赴西北督修瞿昙寺工程，宣德年间曾督理南京大报恩寺收尾工程，正统年间曾被钦派督修大功德禅寺、大兴隆寺，景泰年间曾参与修建隆福寺。另外，明代著名的建筑师蒯祥也参与了隆福寺的建造。

大凡皇家敕建寺院，落成后皇帝通常要"临幸"。然而，隆福寺建成后，在代宗要亲临寺庙上香敬佛时，却发生了儒生谏言皇帝罢幸隆福寺事件。太学生杨浩和姚显上疏秉笔直言，痛陈"王振竭生民膏血，建大隆兴寺"之后，恳请皇帝"请自今凡内臣修盖寺院，悉行拆毁，以备仓廒之用"。由于儒生谏言反对，朝中也有大臣上书代宗，请他善待太上皇。这一系列事件使代宗有所顾忌，因此未到隆福寺内拈香敬佛，史载"皇帝览疏，即日罢幸，敕都民观"。这场借皇帝临幸新建的隆福寺之争，看似是儒佛之争，实质上是明代专制皇权下的官员士大夫阶层与宦官内臣之间的权力之争。

明朝初建后，出于分化瓦解蒙藏实际上的政治与宗教结盟关系，对藏传佛教大加礼遇。明成祖朱棣曾经多次册封藏传佛教领袖为国师、大国师、法王等，后继的历代皇帝也大多崇佛。明代隆福寺曾驻有僧官，统领京城佛教寺院。

寺因人兴，也因人废。景泰八年（1457年），怀有野心的大臣徐有贞、石亨和宦官曹吉祥等人为谋取拥戴之功，趁代宗病重之际，发动政变，帮英宗成功夺回皇位，这就是历史上著名的"夺门之变"。

重返皇位的英宗废代宗为郕王，又在石亨、徐有贞等人的谗言蛊惑下，杀害了当年拥立代宗，为明王朝渡过难关立下大功的兵部尚书于谦和吏部尚书、翰林院学士王文等人。这也成为英宗继土木堡败绩后的又一人生败笔。

代宗被废后不久去世，葬于今海淀区玉泉山北麓金山口。英宗复位之后，开始追究当年修建隆福寺时拆毁南宫的旧事，严肃处理了与该寺相关的僧人，又将建寺的太监陈谨等四十五人"下锦衣卫鞫之，既而锁项，令修补完备，各降其职"。隆福寺作为代宗敕建的佛寺也因此繁华不再，日渐凋敝，鲜有人至。

位于玉泉山北麓的明代宗景泰陵碑亭

碑亭中的明代宗朱祁钰墓碑

　　紧邻明景泰隆福寺创建碑的，是立于清雍正三年（1725 年）十月的隆福寺重修碑，此碑原在隆福寺后碑亭内，同样是青白石质地、螭首龟趺形制，通高 6.65 米，为清世宗胤禛御制。碑文满汉合璧，这是与明代立于二百七十二年前的隆福寺创建碑最大的不同之处。

　　重修碑碑文主要记述了隆福寺所处的位置，明代营建的往事及寺院残破不堪的状况，以及清雍正年间重新修建隆福寺的缘由和过程，强调了是出于为众生福乐祈求佛法护佑万民的良好愿望。

　　1644 年，清军入关，明清易代。同这片土地上亿万生灵的命运发生改变一样，隆福寺也迎来了它新的历史篇章。始建于明景泰三年（1452 年）的皇家寺院隆福寺，此时已近两百岁了。雍正元年（1723 年），雍正帝因偶经此寺，见这座古刹残破不堪，有感于怀，乃"弘施资财，庀材召匠，再造山门，重起宝坊"，对隆福寺进行

清代隆福寺重修碑碑额拓片

了为期三年的修缮，不仅重建了山门，还增建了一座二层佛楼。整修后的隆福寺"前后五殿，东西两庑，咸葺旧为新，饰以采绘。寺宇增辉焕之观，佛像复庄严之相"。而且，雍正帝还为隆福寺真如殿御书匾额"慈天广覆"。

有明一代，始终面临着来自北方的巨大压力，与此同时，怀柔西藏各势力，密切西藏地方与明朝中央的关系，成为明朝中央政府的重要战略选择。从这一政治目的出发，明朝制定了"多封众建，尚用僧徒"的治藏宗教策略，始终与西藏地方各政教势力保持着密切的关系。

明清鼎革，不仅是一姓王权的更迭，也是统治民族的变化。清朝作为一个人口较少、经济文化相对落后的少数民族入主中原的大一统政权，联合与之相邻并一直与明朝对立的大漠蒙古诸部，成为清朝的既定国策，"兴黄教"成为清朝笼络统治蒙藏地区的思想武器。从顺治帝开始，之后的清朝帝后们对佛教特别是藏传佛教虔诚信仰并大力推广。在这一大的政治和宗教背景下，隆福寺经过这次大修后被改为胤禛故邸雍和宫的下院，成为一座喇嘛庙。

乾隆十一年（1746年），乾隆帝又为隆福寺御书两幅匾额"法镜心宗""常乐我净"悬于寺中，隆福寺再度恢复了作为朝廷香火院的辉煌。

明代隆福寺是皇家香火院，也是京城唯一的喇嘛僧、禅僧同驻寺院。清代为皇家香火寺庙，雍正帝、乾隆帝都为这座寺庙写过碑文或匾额。在京师内，同为明清两朝皇家香火院的寺院尚不多见。

换了人间，隆福寺成为一个充满烟火气的市民文化休闲地

人事有代谢，往来成古今。五百年只是历史的弹指一挥间，隆福寺也在历史的变迁中几度兴衰。为了找寻更多关于隆福寺的历史故事，我们几个文物爱好者再次相约，重游东城区东四北大街路西的隆福寺街。

刚刚走出东四地铁站，大家就感受到了一股扑面而来的人间烟火气息。

历史上的隆福寺因紧邻皇宫，地理位置优越，所处东四牌楼一带民居稠密，商贾云集，香火旺盛。因香客云集，摊贩也纷至沓来。

隆福寺庙会曾为旧京五大庙会之首（供图：熊炜）

清末民初之际，隆福寺庙会达到全盛，它也因庙会的兴起而名盛一时。据《日下旧闻考》记载，隆福寺在"本朝雍正元年重修，每月之九、十日有庙市，百货骈阗，为诸市之冠"。

清光绪二十七年（1901年），隆福寺遭受火灾，损失严重。至民国年间，隆福寺已破败不堪，昔日人头攒动的庙会盛况不复存在。1951年建东四人民市场时，拆除了隆福寺的部分建筑。1976年，唐山大地震波及北京，隆福寺损毁严重。隆福寺的正觉殿在被拆除时，部分藻井的构件被保留下来，最初存放在北京的西黄寺内，1988年北京古代建筑博物馆筹建时，藻井残件被移入先农坛太岁殿，同为碑中巨制的隆福寺创建碑、隆福寺重修碑，也在这一时期被北京石刻艺术博物馆征集入馆。至此，隆福寺遗留下来的一组藻井、两通古碑，都作为珍贵文物在博物馆内予以保护。

今天的隆福寺故址已成为繁华的现代商业区，周围遍布隆福寺小吃、隆福寺书店、隆福广场、隆福大厦、隆福医院……隆福寺街因寺得名，也是在昔日隆福寺庙会的基础上逐渐形成的。2020年11月，隆福寺入选首届北京网红打卡地。2022年，隆福寺街入选《首都功能核心区传统地名保护名录（街巷胡同 第一批）》，成为首都的一张名片。

一组雕刻精美的藻井，两通高大雄浑的石碑，历经岁月洗礼，是古人留给后代的珍贵历史文化遗产，承载了丰富的历史文化信息和独具特色的民族文化。与文物对话，让我们懂得敬畏与感恩；与历史相知，使我们洞察时代变迁，这也许就是寻访隆福寺文物古迹给我们带来的些许感悟和收获吧。

北海公园大慈真如宝殿铜塔塔座『历险记』

　　北京作为享誉中外的历史文化名城和有着八百多年建都史的古都，留存下来大量类型丰富、时间跨度久远的文化古迹。在紫竹院东北侧、长河岸边的明清皇家寺庙真觉寺（俗称五塔寺），除闻名遐迩的金刚宝座塔外，还收藏了大量的精品石刻文物。在真觉寺金刚宝座塔北侧，有两座体量庞大、雕饰精美的八角形石质须弥座式塔座十分引人注目。鲜为人知的是，这两座雕饰精美的须弥座原在北京市西城区北海公园北岸西天梵境大慈真如宝殿内，或是乾隆帝为母亲祈福而建铜塔的塔座。二百五十多年过去了，这两座须弥座佛台经历了什么样的过往，又怎么被收藏在了北京石刻艺术博物馆呢？带着疑问，我们走进真觉寺，来探究两座塔座的前世今生。

罕见的八角形须弥座式石质塔座

佛塔源于古印度，原为收藏高僧遗骨，供奉舍利、经卷的佛教建筑，俗称宝塔、浮屠。东汉时期，这种建筑形式随着佛教传入中国。历史上，北京地区曾经遍布着数量众多的佛寺，这些佛寺中的佛塔融合中国亭台楼阁和古印度佛塔的精粹，有了许多创新和改进，比如著名的辽代天宁寺塔、元代妙应寺白塔、明代真觉寺金刚宝座塔等。为了显示佛法无边、佛力广大，显示神秘感、仪式感和庄严感，大多佛塔修建得很高。根据力学原理，高大的建筑需要坚实牢固的地基做支撑。中国古代殿宇建筑因为承重需要，多在下方放置柱础，受这种做法的启发，为了保证佛塔的安全性和稳固性，在平整夯实的地基上方又建设塔座。收藏于北京石刻艺术博物馆的这一对塔座，原为北海公园西天梵境大慈真如宝殿内两座铜塔的塔座。

这两个塔座为青白石质地，八角形须弥座式，座高 1.03 米，座面呈倒梯形，直径 2.23 米，每面均宽 0.9 米。底部雕刻圭角云纹，口沿装饰莲花，束腰处浮雕宝瓶及绶带，下沿浮雕缠枝纹围绕的佛

收藏于北京石刻艺术博物馆的北海公园大慈真如宝殿铜塔塔座

北海公园大慈真如宝殿铜塔塔座是北京地区乃至全国现存塔座中的精品之作

八宝。两个塔座体量庞大，材质精良，雕饰精美，具有清代乾隆时期石质建筑繁缛华美、满雕满饰的程式化风格，是北京地区乃至全国现存塔座中的精品之作。

来自北海公园西天梵境大慈真如宝殿的塔座

北海东邻故宫、景山，南临中海、南海，北连什刹海，因一曲《让我们荡起双桨》而广为人知。最早它只是一处普通的水域，水中有岛，名为"瑶屿"。辽太宗耶律德光于会同元年（938 年）将幽州（今北京）升为"五京"之一南京幽都府（又称燕京）后，在城东北郊白莲潭（今北海、中海一带）建瑶屿行宫，在岛顶建广寒殿。金灭辽后，改燕京为中都。海陵王完颜亮于天德二年（1150 年），开始挖湖堆山，扩建瑶屿行宫，增建瑶光殿。金大定三年至十九年（1163—1179 年），金世宗仿照宋徽宗在汴京所建艮岳，扩建长松岛，并从艮岳运来大量太湖石砌成假山岩洞，在中都东北郊以瑶屿为中心，修建大宁离宫（也叫太宁宫）。当时将挖出的土废物利用，扩充成岛屿和环海的小山，并重修广寒殿等建筑。至此，北海基本形成了如今的皇家宫苑格局。

至元元年（1264 年），元世祖忽必烈重建该岛，命人将白莲潭水域拓宽掘深，堆土成山称为"万岁山"（也叫万寿山）。后在山顶和山腰分别建广寒殿、仁智殿等，作为帝王朝会之处，将长松岛更名为"琼华岛"。

明在元的基础上，对北海进一步扩充、修葺，但基本上保留了元代北海的格局。明成祖时期，北海的万寿山、太液池成为紫禁城西面的御苑，称西苑。明代向南开拓水面，形成"三海"格局。

清承明制，将西苑继续作为皇家御园的一部分来营建和使用。1651年，清世祖福临根据巴周活佛金巴嘉措的请求，在广寒殿的废址上建一座藏式覆钵白塔，并依塔建寺，因塔而得名白塔寺，后改称永安寺。

西天梵境又名大西天，位于北京北海公园太液池北岸，是园内最负盛名的景区之一，也是一组文物价值很高的古建筑群。原为明代西天禅林喇嘛庙，始建于明万历年间，是万历帝为其母李太后建造的皇家寺庙。乾隆二十四年（1759年）扩建后，改为西天梵境。民国时，曾任大总统的徐世昌捐资修葺，后渐荒废。1980年，西天梵境重新修缮后对外开放。

西天梵境坐北朝南，为轴线式的三进院落，前有四柱七楼琉璃牌坊一座，南向额题为"华藏界"，北向额题为"须弥春"。从山门、钟鼓楼、石经幢、天王殿、大慈真如宝殿、七佛塔亭到琉璃阁，错落有致，美轮美奂，处处显示出佛教圣地的庄严肃穆和皇家寺院的奢华大气、庄严神圣。其中大慈真如宝殿是该皇家寺庙的主体建筑，面阔五间，重檐庑殿顶，整座大殿由二十四根高达10米的楠木大柱支撑，殿中的大木、斗拱、飞檐、望板等全部采用名贵的金丝楠木且不施彩绘。大慈真如宝殿和明十三陵长陵的祾恩殿，是我国现存规模较大、保护完好的两个金丝楠木大殿，也是明代遗留下来为数不多的官式建筑。

大慈真如宝殿殿内匾额"恒河演乘"，为乾隆皇帝御书。大殿内供奉三世佛、十八罗汉像，内置两座铜塔。据清宫档案记载，乾隆二十年（1755年）十月和乾隆二十二年（1757年）五月，分别成造大西天三层七重檐八角铜塔一座。两座铜塔同高，均为6.59米，

北海公园西天梵境大慈真如宝殿现状（供图：熊炜）

分别嵌有七百一十二尊无量寿佛像，塔座为石质八角形须弥座。

1945年，大慈真如宝殿内两座铜塔被日军拆除，强盗们准备将铜塔运至天津大王庄卜内门仓库，而后再运往日本。所幸因日本战败投降，铜塔才没有流失到国外。北京档案馆存《赴津运铜日志》中记载："中华民国三十五年一月十七日，北海公园会同北平市政府、中南海、中山公园、故宫、历史博物馆等单位共7人赴天津市政府洽办运铜，内有铜塔，二月二十八日运抵北平。"铜塔运回后散置在大慈真如宝殿前院内，后被按废铜处理。

1966年，大慈真如殿内的三世佛及石质须弥座佛台被拆除，三尊铜佛像各重约5吨，拆除后被运到市工艺品进出口公司仓库，后由市文物工作队收回，1981年被调拨至戒台寺。1979年，大慈真如殿内东西山墙的须弥座佛台，被调拨给法源寺。2008年，北海公园根据清皇室档案记载，用木料仿制了殿内原有的两座七层八角铜塔。

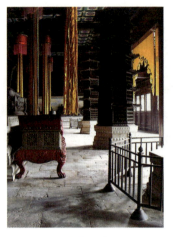

北海公园大慈真如宝殿内的铜塔
旧影

北海公园大慈真如宝殿内 2008
年仿制的塔（供图：熊炜）

　　两座铜塔历经二百五十多年的坎坷波折，铜质塔身均已被毁。
幸存下来的两座石质塔座，被调拨至北京石刻艺术博物馆。追溯两
座石质塔座的前世今生，它们颠沛流离，历尽劫难，演绎了一段令
人唏嘘不已的"历险"。

乾隆皇帝为母亲祈福而建

　　孝亲敬老是人类的共同情感。中国是一个重视孝道的国度，"以
孝治天下"是历代封建王朝的国策。乾隆帝在少年和青年时代，受
到了严格的良好的教育，熟读儒家经典，受儒家政治哲学的熏陶并
以之作为治国理政的指导思想。他深知"孝文化"对国家长治久安
的重要作用和重大意义，也明白自己践行孝道对臣民的表率和示范

作用，同时对自己的母亲有很深的感情和发自内心的爱，所以事母至孝，留下了很多孝敬母亲的佳话。北海公园西天梵境中包括大慈真如宝殿和其中的两座铜塔，以及承载铜塔的两个塔座，或许都是乾隆帝为庆祝母亲崇庆皇太后七十寿诞而准备的一份厚礼，取悦这位笃信佛教的太后而向佛祖的祈福之举。

乾隆帝是中国历史上实际掌权时间最长的帝王，他在位六十年，传位嘉庆帝后，又当了三年太上皇。乾隆时期，是中国封建王朝最后也是最长的一个盛世——康雍乾盛世的顶峰。乾隆朝前期和中期，这位被誉为最有福气的帝王承绪父祖基业，励精图治，奋发有为，任用贤才，清代国力由此达到鼎盛。当时，经济繁荣，国库充裕，社会安定，人口大增，边疆巩固，近代中国统一多民族国家的版图于此奠定。正是有强盛国力和充裕财力做支撑，他才能屡屡对外用兵，又在六下江南巡幸玩乐的同时，还有余力敕辑我国古代最大的丛书——《四库全书》这一重大文化工程。同时，强盛的国力、财力也让乾隆帝在母亲寿诞之时，可以令帝国上下普天同庆，大张旗鼓地进行各种庆祝活动。

乾隆帝生母崇庆皇太后钮祜禄氏，福寿双全，享年八十六岁，是中国古代皇太后中最长寿者之一。钮祜禄氏为满族八大家之一，多名臣宿将，世代和皇族联姻。乾隆皇帝以孝行垂范天下，尊母亲为天下圣母。乾隆帝是中国帝王中寿命较长的一位，享年八十九岁。他的强健体魄、活跃性格和长寿可能遗传了母亲的基因，崇庆皇太后去世时，她的儿子乾隆帝已是六十六岁的皓首老翁了。乾隆帝对母亲感情真挚，礼敬有加。在宫中经常是三天问安，五天侍膳，对母亲的生活起居关心备至。乾隆帝即位后，巡幸各地，游观娱乐，也总是带着母亲一起游山玩水。她曾随乾隆帝三次南巡，三到五台山，三次东巡，去泰山、谒孔林，还曾到中州。乾隆帝每年去热河行宫（即避暑山庄）时，崇庆皇太后大多同行。

自唐代以来，宫廷均有为帝后举办大规模庆寿活动的传统，清代亦不例外。崇庆皇太后的生辰为十一月二十五日，敬称为"圣寿节"，届时必行庆贺之礼。逢旬的大庆规模更是无与伦比，六旬、七旬、八旬大寿均加上徽号，八方来朝，举国欢庆。每逢此时，乾隆帝撰文赋诗，御笔书画，并亲率皇子、皇孙彩衣起舞，其乐融融。乾隆帝还令宫廷画家以图像的形式记录庆典的宏大场面，在崇庆皇太后六旬、七旬、八旬举办的祝寿庆典令世人瞩目，为其绘制的《崇庆皇太后万寿庆典图》卷（六旬）、《胪欢荟景图》册（七旬）和《崇庆皇太后八旬万寿图》贴落（八旬）均藏于故宫博物院。

从普胜寺重修碑看乾隆帝的模仿和超越

　　青出于蓝而胜于蓝，原指新事物脱胎于旧事物而又超越了它，后常用来比喻学生胜过老师或后人胜过前人。历史上因为同一事件而多次勒石纪功的事例并不罕见，京城名刹普胜寺（今欧美同学会）有两通御制碑即如此。普胜寺创建碑为顺治皇帝所立，1744 年在清朝入关一百周年之际，乾隆皇帝对普胜寺进行了修缮，并树碑纪念这件大事，是为重修碑。与包括普胜寺创建碑在内的北京名碑相比，普胜寺重修碑无论是外在的独特造型模式，还是文字背后蕴藏的丰富信息，都显示出了乾隆皇帝的审美情趣、艺术偏好、文化素养和政治智慧。普胜寺创建碑与重修碑因其非比寻常的价值，都被评定为国家一级文物。

北京地区清代石碑中的精品之作

　　中国古代的石碑多以立式为主，普胜寺双碑都是体量庞大、造型奇特的卧式碑。艺术的一大魅力在于它的稀缺性、独特性与开创性。与普胜寺创建碑相比，普胜寺重修碑在许多细节上有超越和创新之处。重修碑额篆"御制"，为御制碑，在规格上远高于创建碑；重修碑为九龙首僧帽顶，创建碑为三龙首僧帽顶；重修碑碑座为龟趺须弥座，创建碑是常见的台式方座；重修碑下铺海墁，雕工精细，创建碑无海墁石。重修碑修建于清朝鼎盛时期的乾隆年间，较之清初入关不久草创阶段的顺治初年所建创建碑，提升了规格，彰显了国力，雕刻更为精细繁缛，碑文对藏传佛教宗教政策的阐释更加全

造型奇特的普胜寺创建碑

有多处超越和创新之处的普胜寺重修碑

普胜寺重修碑呆萌可爱的龟趺

面精准。普胜寺双碑同为北京地区的名碑名刻，重修碑相对于创建碑而言，既有模仿，又有超越，寄寓了乾隆皇帝个人的观念和意志，也给后人了解清代民族和宗教政策提供了一个独特的视角。

创建碑镌刻营建及重修普胜寺官员的题名和工匠姓名，这一点也是比较罕见的。器物刻铭由来已久。早在商周时期的青铜器和兵器上，多有铭文，称之为"物勒其名"，或记录事件，或表明物主，比如著名的首次出现"中国"二字的西周青铜器何尊和春秋越王勾践剑等。到了战国后期，贵族器物勒名的传统逐渐衰落，而在武器、建筑物等物品上铭刻产地名、监工名、工匠名的新做法更加流行。比如北宋蔡京大搞党争，为残酷打击政敌，蛊惑宋徽宗树"元祐党人碑"，令全国各州县都要刻碑。史载"长安百姓常安民，以镌字为业，多收隋、唐铭志墨本，亦能篆"，官府命常安民刻字，被其拒绝，他说"民愚人，不知朝廷立碑之意。但元祐大臣如司马相公者，天下称其正直，今谓之奸邪，民不忍镌也"。为避免官府治罪，他哭泣着请求："被役不敢辞，乞免刻安民二字于碑，恐后世并以为罪也。"另一位名叫李仲宁的刻工，也同样拒刻"元祐党人碑"，理由是"小人家旧贫窭，止因开苏内翰、黄学士词翰，遂至饱暖。今日以奸人为名，诚不忍下手"。从这些记载可以看出，一方面当时社会上已经有比较强烈自觉的知识产权保护意识，另一方面也体现了劳动人民的操守和对道德、道义的坚持。

此外，比较常见的还有在瓷器、书籍、字画、石碑和重要建筑物上的题名题记。普胜寺重修碑将官员和工匠的名字镌于碑上，对当事人而言，既是一个莫大的荣誉，又是一种变相的"背书"，还从一个侧面说明了中华民族的知识产权保护意识和质量责任意识由来已久。

"清初三大寺"之一的普胜寺

　　普胜寺位于东城区南河沿大街 111 号，又称"十达子庙"。"达子"是"鞑子"的谐音，是过去汉人对蒙古族、满族等北方少数民族的一种歧视性称呼。清朝的一个基本国策就是拉拢怀柔蒙古、西藏来挟制汉人，体现在民族政策上是用喇嘛教来羁縻蒙古与西藏。一个明显的例子，是在北京和热河（今河北东北部、辽宁西部等地区）兴建了许多藏传佛教的庙宇，耗资巨大，这是加强边疆对中央向心力的措施。"清初三大寺"——普胜寺、永安寺、黄寺，以及雍和宫、碧云寺和承德避暑山庄等都有明显的藏传佛教特征。

　　普胜寺的前身是明朝皇城东苑的崇质宫，俗称黑瓦殿。"土木之变"中被蒙古瓦剌部大军俘获的明英宗，在于谦取得北京保卫战胜利后被瓦剌首领也先放回，曾在此居住数年，明末毁废。17 世纪上半叶的中国正经历着巨大变革——东北的满族政权强势崛起，

"清初三大寺"之一的普胜寺现为欧美同学会

明朝统治摇摇欲坠。在这风云变幻之际，青藏高原上的藏传佛教也暗流涌动，格鲁派（黄教）与噶玛噶举派激烈对抗。正是这样的时代背景，造就了一位改变汉藏关系的传奇人物：巴周活佛金巴嘉措。这位来自格鲁派的高僧，早在清朝入关前就频繁往来于沈阳和北京。当顺治皇帝 1644 年正式定都北京时，他随朝廷入京，成为连接清皇室与藏传佛教的关键桥梁。当时清朝急需稳固边疆，藏区也需要新政权的支持，金巴嘉措敏锐地把握住了这个历史机遇。他在北京最重要的贡献当数主持修建北海公园白塔。1651 年，琼华岛上矗立起这座藏式佛塔（即北海公园白塔），成为京城新地标。这座白塔不仅是宗教建筑，更是汉藏文化交流的象征。同年，他又主持修建了黄寺——这座寺院后来成为五世达赖喇嘛进京的住所，见证了汉藏关系史上的重要时刻。因其突出贡献，顺治帝赐予他"诺门汗"（又称"恼木汗"，法王）尊号，后又加封"灌顶国师"，特批修缮普胜寺作为其驻锡之地。金巴嘉措的智慧在于将宗教活动与政治需求巧妙结合：他既在皇宫主持祈福仪式，又通过建寺修塔强化了清王朝"政教合一"的统治形象。

纪念清朝定鼎中原一百周年的一个标志

逢五逢十举行隆重的纪念活动，是包括中国在内的世界各国的一个不成文的传统。乾隆九年即 1744 年，是清朝入关一百周年，也适逢中国传统干支纪年的甲子年，此时在位的清高宗爱新觉罗·弘历，是清朝第六位皇帝，也是定都北京后的第四位皇帝。乾隆皇帝时年三十三岁，春秋鼎盛，此时中国虽然整体上处在封建社会晚期，但尚处于中国封建社会的最后一个盛世——康雍乾盛世的鼎盛阶段。在这样一个特殊的年份，乾隆帝这个正值壮年且好大喜功的帝王，执掌着一个如日中天的强大富庶帝国，几个因素累积叠加，注定了 1744 年是一个大事多、盛事多的不平凡之年！

这一年，也确实发生了许多大事、要事。圆明园四十景于此年基本建成，乾隆帝作《镂月开云》诗回忆自己与父祖在此欢聚的岁月："犹忆垂髫日，承恩此最初"；下令组织编撰《石渠宝笈》；亲笔题写"天禄琳琅"匾额悬挂于昭仁殿，储宋、元、明等时代珍籍善本，使其成为中国历史上第一个内府善本特藏书库；在新建成的先蚕坛由孝贤皇后亲蚕，举行清代第一次皇后亲蚕礼；翰林院重修竣工，乾隆帝视察贡院并作四首七言律诗；把雍和宫由原来的雍正帝即位前的府第改为藏传佛教寺院，变宫作寺；等等。重修普胜寺也是乾隆九年（1744 年）众多纪念性活动中的一项，重修碑比较完整忠实地记录了这一盛事。

碑文撰写者宁完我、励宗万均为清初名人

"物因人贵，人因物雅"原为收藏界的一句名言，推而广之，在其他领域也同样适用。就像普胜寺双碑之所以珍贵稀有，除了石碑本身材质优良、造型精美、系出皇家、具有纪念意义等因素外，两位汉文撰书者宁完我和励宗万，兼具朝廷大臣、著名士人、文化学者等多重身份，加之他们在清代历史和中国文化史上的巨大影响力，让这两通名碑更加受人关注，更显弥足珍贵。

创建碑汉文撰写者宁完我是清初著名文臣，原为明末辽阳边民，

后投降了努尔哈赤建立的后金，为贝勒萨哈廉的家奴。皇太极听说宁完我通晓文史，召他入值文馆。顺治朝时任内弘文院大学士、内国史院大学士等职。皇太极创设的文馆，为后来清代内阁的雏形。后来他又把文馆扩展为内三院，即内国史院、内秘书院和内弘文院，负责起草文书、撰拟诏令、编纂史书、颁布制度等。清军入关后，清廷仍设内三院，顺治十五年（1658年）始称内阁，后又改为内三院。清代的内阁虽然居于百官之首，但权力又逊于明朝。首先清初政务中心为议政王大臣会议，后又在宫内设南书房，选翰林官入内当值，入值者得以参与机密，拟写诏旨，于是内阁之权又分于南书房，雍正时期因对西北用兵设军机处，后军机处取代内阁成为政务决策中枢。从以上清代官制和宁完我的任职经历可以看出，他曾先后入值文馆，任内弘文院大学士、内国史院大学士，称得上是名副其实的朝廷宰辅大臣。

宁完我精通文史，遇事敢言，提出的定官制、辨服色、论伐明等策略，以及论考试取官等建议多被太宗皇太极和摄政的多尔衮采纳，后因喜酒纵博等陋行被免职。清军入关后宁完我被重新起用，任修撰《明史》总裁官、《清太宗实录》总裁官和三届会试总裁官，还译有《三国志》《洪武宝训》等书。康熙年间去世，谥"文毅"，雍正年间入祀贤良祠。有清一代二百七十六年，入祀贤良祠者共一百七十八人，其中顺治朝入祀者仅七人，宁完我名列其中。宁完我与范文程、希福、鲍承先，在《清史稿》同列一传，传后的赞曰："完我忠说耿耿，历挫折而不挠，终蒙主契""间除敌帅，皆有经纶。草昧之绩，视萧、曹、房、杜，殆无不及也"。将宁完我等人比作历史上"萧规曹随"的萧何、曹参，和"房谋杜断"的房玄龄、杜如晦等杰出宰相，无疑是对他们异乎寻常的巨大褒奖。

　　重修碑汉文撰文者励宗万是清代著名藏书家、书画家，他十七岁中进士，入翰林，后入值南书房，充日讲起居注官。这位从雍正到乾隆朝前期的著名"御用书手"出身名门，其祖父励杜讷在康熙二年（1663 年）为编纂《清世祖实录》而诏选的善书之士中名列第一，留值南书房。《清史稿》称"杜讷学行醇粹，直禁廷二十余年，无纤芥过失"，康熙帝敕奖其谨慎勤劳，亲定谥号"文恪"，并手书赐其家。雍正八年（1730 年），励杜讷入祀贤良祠。高宗即位后，加赠太子太傅。其父亲励廷仪为雍正朝刑部尚书，加太子太傅，御赐"矜慎平恕"榜，谥"文恭"。其儿子励守谦为乾隆十年（1745 年）进士，为翰林院编修。自杜讷到守谦，励氏一门四世皆入翰林，为一时之盛。

　　励宗万好诗词，富藏书，擅书画，书法直追晋人，兼融褚遂良、颜真卿、苏轼、米芾各家之长，与江南书法大家张照齐名，时称"南张北励"。北京法源寺、十方普觉寺的雍正帝御制碑，均为励宗万"奉敕敬书"。

普胜寺重修碑海堤石上活灵活现的大象

普胜寺重修碑碑座两侧的透雕设计

皇家藏书楼文渊阁御制诗碑

　　北京故宫博物院文渊阁，是清代为储藏《四库全书》而专门修建的一座皇家藏书楼。作为清宫最大的藏书楼，文渊阁与文华殿还兼具朝政经筵功能。文渊阁东侧有一座造型独特的黄琉璃瓦顶碑亭，四脊攒尖、翼角反翘，亭内上有玉做双夔龙寿字天花彩画。亭内立有一通石碑，高 5.5 米，宽 1.38 米，碑阳用满汉两种文字镌刻乾隆皇帝撰写的《文渊阁记》，背面刻《文渊阁赐筵诗》。文渊阁是故宫中唯一的一座藏书楼，这座碑亭也是故宫中仅有的一处，文渊阁御制诗碑是北京中轴线上为纪念文渊阁建成这一盛事而立，形制精美，意义非凡。

文渊阁东侧造型独特盔顶黄
琉璃瓦的碑亭

碑阳镌刻有乾隆皇帝撰写的
《文渊阁记》

仿照天一阁而建造的皇家藏书楼

我国的藏书文化历史悠久。《尚书·多士》中记载了西周初年
周公对商朝遗民的训话："惟尔知，惟殷先人有册有典。"据此推
算，大概夏、商时期就已经有了官方的典册文书。周代的太史寮主
要负责祭祀、礼仪、占卜、记事、典守文物档案等工作。道家的代
表人物老子就是周王室的史官，可以简单类比为今天的国家图书馆
馆长，孔子曾向他请教过关于礼的问题。此后，藏书文化相沿成习，
为中华文明生生不息、薪火相传做出了巨大贡献。

中国封建社会发展到明代中后期，江南地区商品经济发达，很
多江南富商巨贾建起了私人藏书楼。建于明嘉靖四十五年（1566年）
的天一阁，就是众多藏书楼中最为知名的一个。天一阁为明代兵部

侍郎范钦所建，是中国现存历史最久的藏书楼，也是世界上三个最早的私家藏书楼之一，距今已有四百五十多年。

1368年，朱元璋定都南京，在奉天门东侧建造藏书楼，赐名文渊阁，收藏古今典籍。成祖朱棣迁都北京后，在紫禁城文华殿东南侧建藏书库，用于保存部分从南京文渊阁转送来的图书典籍。明正统十四年（1449年），南京皇宫发生火灾，文渊阁及藏书化为灰烬。1644年，从山海关败归的李自成在逃离北京时，烧毁了紫禁城内的大量宫殿，文渊阁亦遭焚毁，阁中大量藏书也未能幸免。

乾隆三十八年（1773年），清廷决定纂修大型丛书《四库全书》。次年，开始建造用于专门存放《四库全书》的藏书楼。藏书最怕火灾，乾隆帝听闻浙江宁波范家天一阁藏书处，"纯用砖甃，不畏火烛，自前明相传至今，（藏书）并无损坏"，于是派时任杭州织造寅著前往天一阁实地考察，详细了解后带回了图纸，乾隆帝当即决定异地仿造。两年后，藏书楼在紫禁城文华殿北侧的原明代祭祀先医的圣济殿旧址上建成，乾隆帝赐名文渊阁。

仿天一阁而建的皇家藏书楼文渊阁

文渊阁作为天一阁在京城的复制放大版，二者在建筑规制、功能、理念上基本一致。天一阁坐北朝南，从外观看为两层，上层为一通间，下层为面阔六间，暗合《河图》"天一生水，地六成之"，意为水星和日月会聚，蕴含以水避火的美好愿望，这也是当初范钦将藏书楼命名为天一阁的由来。为了凸显文渊阁作为皇家藏书楼的地位，将天一阁原来的重檐硬山顶改为重檐歇山顶，内部采取"明二暗三"的建造方式，在腰檐处增设暗层，民间传说紫禁城有"九千九百九十九间半房"，这"半间房"指的就是文渊阁最西侧上下楼梯连接处。

文渊阁檐下的苏式彩画海屋添筹、龙马负图　　　文渊阁内金莲水草天花

乾隆四十年（1775年）秋，乾隆帝命在避暑山庄建文津阁，在圆明园建文源阁，在紫禁城建文渊阁，乾隆四十七年（1782年）在盛京（今沈阳）建文溯阁，准备存放《四库全书》，以上合称"北四阁"。乾隆四十四年（1779年），在镇江建文宗阁，乾隆四十五年（1780年）在扬州建文汇阁，乾隆四十九年（1784年）在杭州建文澜阁，合称"南三阁"。上述七阁，都是仿照天一阁而建。

清代盛世修典的历史见证者

盛世修典是中国的政治传统，也是封建帝王为彰显自己"文治武功"和政权合法性的惯常做法，历史上宋太宗赵光义修《太平御览》和明成祖朱棣修《永乐大典》皆缘于此。康熙、雍正年间编纂的《古今图书集成》，全书共一万卷，分六编、三十二典、六千一百零九部，约一亿六千万字。清朝到了乾隆时期，国家进入鼎盛，乾隆帝这个文化素养颇高、熟谙中国历史且好大喜功的帝王，决定集举国之力，开始对旷古未有之超大丛书《四库全书》进行编纂。乾隆三十七年（1772 年）正月，朝廷下旨搜集古今群书，其中重点是江浙淮扬几处大的藏书家。次年三月二十九日再次颁旨，称"闻东南从前藏书最富之家，如昆山徐氏之'传是楼'，常熟钱氏之'述古堂'，嘉兴项氏之'天籁阁'、朱氏之'曝书亭'，杭州赵氏之'小山堂'，宁波范氏之'天一阁'，皆其著名者，余亦指不胜屈"，要求他们献书。除向民间征书之外，乾隆帝还谕令要充分利用原有的官方藏书。在他的推动下，征书很快取得进展，共搜集一万两千九百余种、十六万八千余册书籍，为《四库全书》的编纂，奠定了坚实的基础。

乾隆帝深知，《四库全书》的编纂是一项浩大的工程，必须集中最优秀的人才投身其中，共襄盛举。乾隆三十八年（1773 年），经大学士刘统勋荐举，朝廷任命纪昀、陆锡熊为总办，以姚鼐、程晋芳、任大椿、汪如藻、翁方纲为纂修，以余集、邵晋涵、周永年、戴震、杨昌霖等人"在分校上行走"。乾隆帝还任命皇六子永瑢、皇八子永璇、皇十一子永瑆以及大学士刘统勋、舒赫德、阿桂、于敏中等为总纂官。

由于具体的编纂者都是当时享誉文坛的硕学鸿儒和饱学之士，

确保了编纂图书的质量，而皇子和宰辅们的参与，为编纂工作顺利推进在政治上和行政上起到了保证作用。此外，乾隆帝还经常性地参与到图书的编纂工作中来，比如这部丛书的经、史、子、集的四部分类法，就是皇帝亲自裁定的；他还亲自确定了图书的征集范围、原则和方法，并亲自遴选纂修人员；关注编纂进度，过问可能遇到的困难和问题，还亲自审阅了纂修人员陆续呈送的部分稿件，对这项工作抓得很具体、很扎实。比如为"免鲁鱼亥豕之讹"，专门议定考成章程，对誊录、校对人员的功过赏罚做出明确规定，总纂纪昀、陆锡熊、孙士毅仅在乾隆四十五年（1780年）冬就被记过三次，总校官王燕绪、朱铃、何思钧、仓圣脉四人被多次记过，最少的仓圣脉被记过一千六百八十六次，而何思钧则多达三千七百二十八次。由此也说明，乾隆帝对《四库全书》的质量督查之严、标准要求之高。

从乾隆三十七年（1772年）正月至乾隆四十六年（1781年）冬，《四库全书》第一部缮写工作完成，花费了十年时间，乾隆帝令将其贮入文渊阁。

《四库全书》是中国古代最大的一部丛书，几乎涵盖了古代中国所有学术领域，对保存和整理我国古代文化遗产起了巨大的作用，被国际学术界誉为"东方文化的金字塔""中国文化的万里长城"。在编纂过程中，对不利于清朝的书籍，采取销毁、删削、挖改等文化专制手段进行处理，这使中国古代文化又遭受了一次浩劫。图书的命运和国家的命运紧密相连，由于近代战争频仍，当年抄写的七部《四库全书》，流传至19世纪仅存三部半，且其中较为完整者仅两部——如今国家图书馆"镇馆之宝"文津阁《四库全书》，以及藏于台北故宫博物院的文渊阁《四库全书》。

编修《四库全书》的倡议者朱筠的人生际遇

　　长期以来，人们公认乾隆帝对《四库全书》编纂者的选择适得其人，这从根本上保证了图书的编纂质量。乾隆三十八年（1773年），开设的四库馆曾先后任用三百六十名正式馆臣，负责征书、纂修、校订等各项事宜。馆臣大都是文人名士，堪称"贤俊蔚兴，人文郁茂，鸿才硕学，肩比踵接"。两位总办中的纪昀即大家熟知的纪晓岚，学贯儒籍，旁通百家，他在编纂工作中"钩深摘隐，各得其要旨"，为该书做出了重大贡献。另一位总办陆锡熊与"分校上行走"邵晋涵以史学著称。其他如周永年以校勘学著称、姚鼐擅长经学、理学，任大椿精经学、小学，戴震为朴学皖派考据大师，精通经学、天文、地理、音韵、训诂等。这些人都是当时第一流的学者，是满腹经纶、名满天下的硕学鸿儒，在《清史稿》里或有专传，或在"儒林传"合传中有事迹。

　　清廷开四库馆，是清中叶学术发生变迁的一个重要标志，在修书的同时，也网罗了一大批学者，如乾隆朝进士卢文弨、王鸣盛、纪昀、庄存与、毕沅、王念孙、钱大昕、戴震、阮元、凌廷堪等，他们在修书的过程中交流互鉴，相互砥砺，后来都成为乾嘉学术发展的中坚，在目录、版本、校勘、辨伪、辑佚等方面各有所长。而四库馆几乎成了乾嘉学派的大本营，客观上推动了考据学的深入发展。

　　自古以来，人才和事业都是相互成就、相互光大的，干大事无疑需要人才，而人才也需要一定的载体和平台去展示才华、发挥作用。孔子有言，"君子疾没世而名不称焉"。可以说，编纂《四库全书》这项浩大的政府文化工程，因为有纪昀、姚鼐、翁方纲、邵晋涵、戴震等参与其事，才得以高质量、高标准完成。较之历史上很多被时代辜负的才子如曹植、李白、苏轼、杨慎、徐渭等人，这些学者躬逢其盛，才得其用，与有荣焉，这也是他们个人的极大幸运。

在这众多编纂者中，我们透过历史的字里行间，发现了一个落寞身影——他就是对《四库全书》编纂有首倡之功的清代乾隆时期著名学者朱筠。朱筠是乾隆甲戌科（1754 年）进士，与其弟朱珪"少皆以能文有声于时"，时称笥河先生、竹君先生。他曾担任过顺天乡试同考官、钦派协办内阁学士、会试同考官、福建乡试正考官、安徽学政等职。朱筠博闻闳览，于学无不通。尤其难得的是，他喜欢奖拔士类，前后从游者数百人，幕府中有戴东原、邵晋涵、王念孙、汪中等人，弟子中著名的有任大椿、李威、洪亮吉、孙星衍、章学诚等，人才之盛，蔚为壮观。

在任安徽学政期间，朱筠以其敏锐的洞察力，连上两道奏折，提出了抓紧搜集罕见的旧刻本和抄本，充分利用皇家藏书、公开内廷藏书目录，著录与校勘并重，金石、图谱、碑刻也需要收录等四条建议。乾隆皇帝予以肯定后，举全国之力实施了清代规模最大的文化整理工程——《四库全书》的编修工作。朱筠虽然没有担任总办和总裁官这样的召集人、组织者的角色，但他的奏折直接导致了《四库全书》的纂修，还大体上规定了纂修的方法和步骤。此后，他又直接参与了部分纂修工作，受他学术影响的众多门生弟子，有不少也参与了纂修。以朱筠的学术成就、首倡之功、文坛影响，以及他与刘统勋、朱珪、于敏中等人的关系，原本是有很大可能担任总办或总裁官这种既光耀于当时，又注定名传后世，既是莫大的荣誉性头衔，又有实际话语权职务的。但阴差阳错，却无缘其职，主要是他在朝廷编纂《四库全书》启动这一年，因一生员欠考捐贡事，经部议降三级调用。乾隆帝以其学问优异，特任为翰林院编修，充《四库全书》纂修人，兼充《日下旧闻考》总纂之一。朱筠虽然在世时受到一些委屈，但他的突出贡献也注定了他是后人研究北京中轴线无法绕过的一位历史人物。

中轴线之南的『燕墩碑』

　　燕墩是北京永定门外约 400 米处的一座方形烽火台遗址。这座始建于元代的墩台，整体分为两个部分，下为高约 9 米、台底边长约 15 米、台顶长约 14 米的梯形基座，台上竖有一通高大的石碑。1984 年，燕墩遗址被公布为北京市市级文物保护单位。

　　燕墩上的这通丰碑镌刻乾隆帝楷书《皇都篇》和《帝都篇》，分碑身、碑帽、碑座三部分，四角攒尖顶雕龙纹，石须弥座雕诸子神像。2024 年 7 月，北京中轴线成功申遗，燕墩遗址作为中轴线南端的标志性建筑，再次受到人们的关注。

燕墩是北京的古代烽火台遗址

烽火台又称烽燧、墩堠、烽台、烟墩、墩台、狼烟台等，是用土、砖或石头构筑的高台墩台，多数为实心，少数是空心，按顺序线形排列，建于高地、山头或驿道旁，相邻的前后左右的墩台都布置在目力所及范围内，是古代传递战争警报、重要信息等的通信工具。因其成本低廉，传输快捷，性价比高，被称为古代的电话、电报和"信息高速公路"。由于"燕"与"烟"同音，而"燕"为北京的古称，所以"燕墩"由"烟墩"演变而来。从名字可以看出，燕墩原为北京地区的古烽火台。

烽火台早在西周时就用在军事上，有军情发生时点燃烽火示警。历朝历代都很重视烽火台的作用，明代尤其重视且大修主要在长城沿线的烽火台。明朝推翻元朝统治后，北方始终面临来自逃往草原的蒙古铁骑的威胁，后来东北方向又有新崛起的女真人的入侵，特别是朱棣迁都北京后，北京成为"国家之本""倾国而争"之地，有明一代，对修筑万里长城始终投入了极大的财力、物力、人力。明长城是中国历史上工程最大、防御体系和结构最为完善的长城工程，它东起辽宁虎山，西至甘肃嘉峪关，横跨九个省级行政区，总长 8851.8 千米，修筑时间长达二百多年。在建筑工程技术和防御设备上，明长城有了许多改进和发展，不是单独的几道城墙和孤立的堡城，而是由一些不同形式和不同用途的建筑设施相互配合而联结成的一套完整的防御工程体系，主要由堡城、城墙、城台、烟墩等四部分组成，构成了一道堡城相连、烽火相望的万里防线。

关于烽火台，历史上有几个著名的故事。一个是"烽火戏诸侯"，说是西周末年，周幽王在都城镐京备有烽火和大鼓，有敌人来了就

位于永定门外的燕墩遗址

点燃烽火，诸侯看到后立即率军赶来相救。幽王为博宠爱的褒姒一笑，不惜点燃烽火，戏耍诸侯，这样做的次数多了，诸侯就不再相信了。前 771 年，犬戎大举来犯，幽王惊慌失措，再次点燃烽火，诸侯对此早已习以为常，以为又是幽王胡闹，没有出兵援助，犬戎攻破镐京，将周幽王杀死在骊山下，都城被劫掠一空，西周灭亡。

另一个是三国东吴大将吕蒙白衣渡江袭取荆州的故事。219 年，关羽出兵北伐，发动著名的"襄樊战役"，水淹七军，擒于禁、斩庞德，威震华夏，一度逼得曹操准备将汉献帝从许都转移以避锋芒。在谋士司马懿、蒋济的建议下，曹操以许割江南给孙权为条件，换取东吴在关羽背后捅刀子。为防备吴军趁自己主力北伐后方空虚而入，关羽在长江岸边每隔二三十里就建造一座烽火台，一有敌情，白天点烟，晚上举火。吕蒙让兵士扮作身穿白衣的商人，精兵藏在船中，用计骗过了守卫烽火台的荆州兵，成功夺取了烽火台。由于烽火台的守军被捉未能发挥作用，且留守公安、南郡的士仁、糜芳又投降东吴，在曹魏和东吴的联合绞杀下，关羽失败被俘杀，荆州丢失，可谓是令人扼腕叹息。

再一个著名战例发生在唐朝安史之乱期间。唐代于要道每约隔三十里处设一镇戍烽候，每天初夜燃一炬烟火，称"平安火"。安史之乱爆发初期，唐军与叛军在潼关对峙，玄宗李隆基听信监军宦官边令诚谗言杀封常清和高仙芝，屡次下诏逼名将哥舒翰出关与叛军崔乾祐决战，结果唐军大败，潼关失守，形势骤然逆转。镇戍守兵全部溃散，入夜无人举火示警，玄宗惊惧不安，仓皇带领杨贵妃、杨国忠等少数亲信逃往蜀地，途中发生马嵬之变，杨贵妃缢死，肃宗李亨趁机在灵武称帝自立。

北京地区处在中原王朝与北方游牧民族的交界地带，西有太行，东临大海，北有长城，南面是一马平川的华北大平原，分隔胡汉，锁钥南北，长期以来此地战争频仍，烽烟不断。早在春秋时期，燕、蓟两国就多次与山戎兵戎相见。以后的秦汉至唐末五代，幽州一直是不同民族、不同政治集团对抗、对峙的古战场。宋与辽、辽与金、金与元，在此上演了一幕幕血腥残酷的战争活剧。"烽火连三月，家书抵万金""大漠孤烟直，长河落日圆"，杜甫、王维两位大诗人诗中的"烽火""孤烟"，指的就是古时边境地区用来报警的烽火、烽烟，也代指战争、战火。

元、清是蒙古族、满族建立的中国大一统王朝，由于它们来自北方，不存在先前中原王朝面临的来自北方游牧民族的军事威胁，对烽火台的建造、使用和管理也比较简略。但北京作为王朝的都城、帝国的中心，对安全要求是须臾不可掉以轻心的大事。因此，作为烽火台的燕墩出现在元代，并在清代得到了乾隆皇帝重视，就在情理之中了。只是随着近代电报、电话的出现，包括燕墩在内的众多烽火台才逐渐退出了历史舞台，淡化了军事功用，成了历史遗迹。

燕墩与永定门"剪不断，理还乱"的关系

北京中轴线的南起点为永定门，燕墩遗址是中轴线南端的标志

性文物之一。自元代兴建燕墩，明代嘉靖年间建永定门，数百年来，燕墩与永定门守望京师重地，历经岁月沧桑，二者浑然天成，互相加持，守望比邻，逐渐演变成一个不可分割的整体，共同见证了古都北京的兴衰荣辱和中轴线的浮沉变迁。

清代于敏中等人编写的《日下旧闻考》一书记载："燕墩在永定门外半里许，官道西，恭立御碑台。恭勒御制《帝都篇》《皇都篇》。"这里的官道是指皇帝出行时使用的御道，用大块条石铺就，目前尚有遗存。清代李静山的《燕墩》一诗中有云："沙路迢迢古迹存，石幢卓立号燕墩。大都旧事谁能说，正对当年丽正门。"这里的大都指元大都，丽正门是元大都的十一座城门之一。丽正门作为元大都的南城垣正门，相当于明清北京城的前门，坐落在今天天安门广场南端。

燕墩和元大都的设计者是元世祖忽必烈手下的儒臣、僧人刘秉忠，他的角色定位与后来明成祖朱棣时的"黑衣宰相"姚广孝十分相似。刘秉忠对中国古代经典《易经》谙熟于心，元大都十一座城门的数目配置和命名都与《周易》相关，是我国古代天人观念和儒释道三家思想在城市建设中的突出反映。燕墩出现在北京城的南郊，既有它作为烽火台军事功能的需要，又同中国古代五行学说的传播流行有较大关系。先民认为，天下万物皆由五类元素组成，分别是金、木、水、火、土，彼此之间存在相生相克的关系。在中国古代，人类生活的各个方面都会用五行学说去指导，自然也包括城市的规划与建设。刘秉忠将五行学说运用于元大都建设中，分别在东、西、南、北、中五个方位设置镇物，以镇金、木、水、火、土，维系都城安危。东为神木厂的金丝楠木镇木，西有大钟寺的大钟镇金，南为永定门外燕墩镇火，北为昆明湖的铜牛镇水，中间则是当时北京

北京中轴线的南端起点——永定门

城内的最高点景山镇土。燕墩就是在老北京城南城建立的镇物，属于"五镇"中的南镇。

永定门又称正阳外门，是北京外城规模最大的城门，寓意"永远安定"。明嘉靖年间，蒙古骑兵屡次入塞侵扰劫掠，好几次打到了京畿一带，为巩固城防，在内阁首辅严嵩的建议下，嘉靖三十二年（1553 年），在内城外围修筑外城城垣。当时因为国力不济，外城建成"包京城南一面"就匆匆收尾，由此形成北京城垣"凸"字形格局。外城城垣共有七门，永定门居中而立，永定门即北京中轴线的南端起点。嘉靖四十三年（1564 年），增筑瓮城。乾隆十五年（1750 年）重建瓮城，增建箭楼。明清两代，永定门都是重要的出城通道，也是保卫京城的战略要塞。出于战略防御的需要，相传清廷曾在永定门外扎下七十二座营盘，因此当时流传有"永定门外七十二营一挡"之说，而这一挡指的就是燕墩。无论是从战略制高点还是从城南镇物的角度讲，燕墩、永定门都被京师看作阻挡敌人来犯的最后一道屏障。

乾隆帝之"二都赋"对北京的再发现再解读

燕墩的乾隆帝御制碑碑体巨大，形制精美，碑文内容丰富，气势磅礴，感情充沛，是记述北京幽燕之地的徽记，被誉为北京的"史记"。

历史上记载古代城市的名篇佳作有很多，著名的有东汉班固的《两都赋》和张衡的《二京赋》，两位文学大家用华美的文字和充沛的感情描写了长安和洛阳两座古都的壮丽雄美。西晋左思的《三都赋》——魏都（洛阳）、吴都（南京）、蜀都（成都），雄文一出，一时间致使"洛阳纸贵"。据说当时著名文学家陆机也打算创

燕墩之上矗立的乾隆帝御制碑

作《三都赋》，听说左思已经动笔，曾对弟弟陆云嘲笑左思粗俗鄙陋，认为他写的东西一定难登大雅之堂，可等他读过左文后，叹服不已，遂搁笔不作。乾隆帝的文学修养和才气才情较之班固、张衡和左思，固然大不如，但乾隆帝以帝王之尊集当时一流文士之力所作的《皇都篇》《帝都篇》，亦有其过人之处，特别是碑文对北京地位作用的阐述和治国理政思想的表达，概述精当，可圈可点。

乾隆帝的碑文从一个帝王的视角，讲了天下适宜建都的地方有四处，即现在的西安、洛阳、南京、北京，认为"伊古以来建都之地，无如今之燕京矣"，在讲燕京（今北京）的形势险要、居重驭轻时用了"惟此冀方曰天府，唐虞建极信可征。右拥太行左沧海，南襟河济北居庸"这样的诗文。清之前的辽、金、元、明和它之后的北洋政府以及新中国都在北京建都，均证明了北京作为分隔胡汉、锁钥南北的形胜之地，确有其无可替代、无与伦比的独特性和优越性。

在碑文中，乾隆帝还提出了一个重要观点"在德不在险"，这也是中国古代政治的一条重要原则。《史记·孙子吴起列传》讲，一次魏武侯与吴起乘船行至黄河中游，武侯看到山河壮美，不禁感叹："美哉乎山河之固，此魏国之宝也！"吴起回答："在德不在险。"又说如果国君不行德政，整个船上的人都会成为敌人。无独有偶，宋开宝九年（976年），赵匡胤认为汴京处于四战之地，无险可守，准备迁都洛阳，再迁长安，"据山河之胜而去冗兵"，遭到其弟赵光义等人的反对，赵光义的理由就是"在德不在险"。赵匡胤无奈只得放弃，但说了一句："不出百年，天下民力殚矣！"后来宋辽澶渊之盟、宋金靖康之变，都与汴京作为都城上的地缘战略先天不足有很大关系。此外，类似的话乾隆帝的祖父康熙帝也曾说过。一次康熙帝路过古北口时，面对雄关险隘，抚今追昔，赋诗一首，曰："断山逾古北，石壁开峻远。形胜固难凭，在德不在险。"

中轴线最北端的御制重建钟楼碑

　　石碑是汉文化圈流行的一种独特的文化载体，其上的文字或图案——被称为"凝固的墨迹"的碑刻——蕴含着丰富的历史文化信息。北京中轴线是中国大一统思想在古代城市建筑上的具体体现和应用，是古都北京元、明、清三代帝都建筑的文脉和灵魂。北京钟鼓楼位于老北京中轴线的北端，被人们形象地称为"龙尾之曜"。

　　钟鼓楼始建于元代，于明永乐年间迁都北京后与紫禁城宫殿同时规划重建，并于永乐十八年（1420年）同时竣工，其原址为元大都大天寿万宁寺之中心阁，后分别残毁。清乾隆十年（1745年）重建，两年后竣工。为纪念这次重建工程，乾隆皇帝敕令树碑立石，并御笔亲书《御制重建钟楼碑记》，碑阳为经筵讲

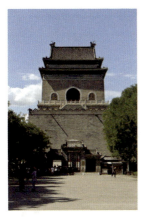

中轴线最北端的钟楼是古都北京的标志性建筑

位于北京东城区地安门外大街的钟楼老照片

官户部尚书梁诗正奉敕敬书碑文。民国十四年（1925 年）十月，京兆尹薛笃弼在此碑碑阴撰《京兆通俗教育馆记》碑文。

书丹者为帝师梁诗正

中国人尊师重道，古已有之，过去人们家中多供奉有"天地君亲师"牌位，将"传道、授业、解惑"的老师摆在很高的位置，给予充分的礼遇和敬重。做"帝王师"长久以来一直是中国古代知识分子的最高理想，他们当中成功实现这一梦想的著名士人有张良、诸葛亮、王猛、刘伯温、姚广孝等人。清朝作为一个崛起于东北的由少数民族建立的政权，它成功统治中国二百六十八年的一条经验就是崇儒重道。像今天节衣缩食也要让孩子接受最好教育的家长一样，清室十二帝王无一例外都十分重视对皇子的教育。而有幸成为

71

未来天子帝师或王公贵胄师傅的多是当时的博学鸿儒，他们因自己的德行、博学等受到皇室的青睐和礼遇，得以"附骥尾"。一旦自己所教的新帝登基，昔日的师傅们也水涨船高，或入阁拜相，或入值军机处，最不济也会受到优待，优礼有加，一生尊崇。

清代因帝师身份跻身中枢的重臣，康熙朝有张英（文华殿大学士），雍正朝有张廷玉（保和殿大学士），乾隆朝有鄂尔泰（首席军机大臣）、刘统勋（首席军机大臣），嘉庆朝有王杰（军机大臣）、董诰（首席军机大臣）。帝师影响皇权的典型案例包括助咸丰帝夺嫡的杜受田，以及同治、光绪两朝帝师翁同龢。相较于前面提到的清室著名帝师，梁诗正能够入传《清史稿》并为人记起，既得益于他上书房师傅和东阁大学士的身份地位，更受益于他在书法艺术方面的成就。

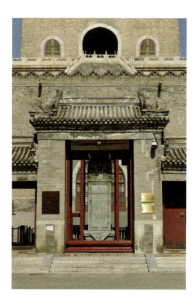

户部尚书梁诗正书丹的《御制重建钟楼碑记》

梁诗正曾参加《秘殿珠林》《石渠宝笈》《三希堂法帖》的编纂工作，他的书法先学柳公权，后学文徵明、赵孟頫，晚年又师颜真卿、李北海，写得一手漂亮的楷书文字，章法排布整齐有致，尽显中正平和简静、不激不厉的"中和"之美，有庙堂之气，深受雍正帝、乾隆帝喜爱。乾隆皇帝文化素养很高，尤喜作诗，经常勒石铭记，梁诗正多次受命书丹御制诗文。国子监《御制平定金川告成太学碑》、盘山《御制游盘山记》、西苑《御制阐福寺碑》、钟楼《御制重建钟楼碑记》等名碑书文，皆出自梁诗正之手。

自宋代以后，中国南方经济全面实现对北方的超越，江浙地区在经济富足的同时，也在文化上迎来了空前的繁荣。在继承唐宋文化建设的基础上，江浙地区涌现了一批才华横溢、学识渊博的文化名人和艺术大家，如明代著名的"吴中四才子"唐寅、文徵明、祝允明、徐祯卿，清代以金农、郑板桥、汪士慎等人为代表的"扬州八怪"等，都是江南文士的典型代表。同时，江南地区普遍出现了家族文化世代传承的现象，成为当时社会文化交流中的一种风尚，如"振绮堂"的汪氏、"知不足斋"的鲍氏、"清勤堂"的梁氏等。在众多文化世家中，钱塘梁氏名噪一时。

在清代科举史上，雍正八年（1730 年）的殿试不仅成就了一位探花郎，更开启了一段君臣相得的佳话。梁诗正以一甲第三名的身份踏入仕途，这位浙江钱塘才子的人生轨迹，堪称清代文官仕途的典范模板。翰林院编修的起点为梁诗正铺就了青云之路。他先后参与《一统志》纂修、出任上书房师傅，展现出卓越的学术造诣。雍正十二年（1734 年）成为皇子师，为其日后仕途埋下重要伏笔。真正令人惊叹的是他在六部中的任职经历——自乾隆朝起，梁诗正先后执掌兵、刑、吏、工、户五部尚书印信，成为清代少有的"五部堂官"。乾隆帝对这位能臣的器重堪称空前。当梁诗正主持编纂《秘殿珠林》《石渠宝笈》两部旷世典籍时，皇帝亲题"清勤堂"匾额嘉奖；金川战役告捷后，又赐"宣赞枢衡"匾额彰显其功。王昶《春融堂集》记载：梁诗正为当时的皇子弘历作擘窠大字时，墨渍于袖，并令当时为皇子的弘历协拽袖，这种超越君臣之礼的亲密，正是史料记载中"不异于家人父子"的真实写照。作为乾隆朝"五词臣"之首，梁诗正在文学领域同样卓尔不群。每逢宫廷诗会遇险韵难题，

乾隆帝御制碑碑阳《御制重
建钟楼碑记》拓片

他的即兴之作总能赢得帝王嘉许。这种
文学才华与政治才能的完美结合，使其
家族缔造仕林传奇：乾隆十五年（1750
年）其父梁文濂、祖父梁蕭获追赠光禄
大夫（从一品文散阶）；其祖母、生母
获追封一品太夫人，其正室获追赠一品
夫人，实现"三世封赠"的殊荣。钱塘
梁氏"三世珥貂"的记载，印证了当时"梁
氏一门，朱紫盈门"的盛况。

乾隆二十八年（1763年），官至东
阁大学士加太子太傅的梁诗正走完人生
旅程。皇帝追赠太保，谥"文庄"，准
其入祀贤良祠。从寒窗苦读到位列台阁，
梁诗正的人生轨迹不仅展现了个人才华，
更折射出清代"词臣政治"的独特生态：
那些既能处理政务又擅风雅的文臣，往
往能在庙堂之上获得特殊地位。

御制重建钟楼碑记

皇城地安门之北，有飞檐杰阁，翼如焕如者，为鼓楼。楼
稍北，崇基并峙者，为钟楼。其来旧矣。而钟楼亟毁于火，遂
废弗葺治。朕惟神京陆海，地大物博，通阛别隧，黎庶阜殷。
夫物庞则识纷，非有器齐壹之，无以示晨昏之节。器钜则用广，非藉楼表式之，无以肃远近之观。且二楼相望，为紫禁后护。当五夜严更，九衢启曙，景钟发声，与宫壶之刻漏，周庐之铃柝，疾徐相应。清宵气肃，轻飙远飏，都城内外十有余里，莫不耸听。仿挈壶鸡人之遗制，宵衣待漏，均有警焉。爰饬所司，重加经度。基仍旧址，构用新制。凡柱栀榱题之用，悉甃以砖石，俾规制与鼓楼相称。经始于乾隆十年，阅二年工竣。所司请纪之石以式于后。夫春秋之义，兴作必书。矧兹楼之成，昭物轨，定众志，体国诚民，著在令典，修而举之，以重其事，弗可以已也。

乃为之铭曰：

兔氏赋形，鼓荡元音。体乾作则，为圆为金。式镕九乳，徼壹众心。启闭出入，罔敢不钦。京邑翼翼，四方之极。洪钟万钧，司寤所职。铿以立号，协于箭刻。巍楼高絙，乘风屴崱。昔雁郁攸，久废不修。咨彼工师，审揆其由。木母火子，长风飑飚。鼓之则炽，匪藉人谋。聿规新制，瓴埴比次。巧断山骨，输我匠契。尺木不阶，屹然巨丽。拔地切云，穹窿四际。岌嶪峥嵘，金甋绣薨。鸟革翚飞，震耀华鲸。不寙不榍，桐鱼应声。偕是雷鼓，镗鞳砰訇。宣养九德，振肃庶类。作息以时，品物咸遂。以器节时，以时出治。宵旰攸资，亦宣埋滞。声与政通，硕大虏洪。正宫堂皇，元气昭融。导和利用，警听达聪。亿万斯年，扬我仁风。

乾隆十二年岁在丁卯秋九月
经筵讲官户部尚书臣梁诗正奉敕敬书

75

毋忘国耻、开启民智的爱国者薛笃弼

　　爱国主义是一个人对自己国家和民族最持久、最深沉的情感。鲁迅在《中国人失掉自信力了吗》中说："我们从古以来，就有埋头苦干的人，有拼命硬干的人，有为民请命的人，有舍身求法的人，……虽是等于为帝王将相作家谱的所谓'正史'，也往往掩不住他们的光耀，这就是中国的脊梁。"在"三千年未有之大变局"的清末民初，面对列强欺侮、民族危亡，一批批仁人志士挺身而出，用自己的力量和行动为启迪民智、觉悟觉醒而鼓与呼。御制重建钟楼碑碑阴撰文者薛笃弼，就是这一时期众多爱国者的杰出代表之一。

　　1900 年，愚昧颟顸、妄自尊大的慈禧太后向列强宣战，八国联军侵华战争爆发。苦难深重的神州大地再遭劫难，北京地区受破坏尤为严重。紫禁城、圆明园、颐和园、八大处招仙塔等名胜古迹伤痕累累，无数珍宝被劫掠破坏，钟鼓楼也在这场灾难中受到强盗们的损毁破坏。

　　晚清以来，从严复、梁启超、章太炎到陈独秀、李大钊、鲁迅、胡适等觉醒了的先驱者和有识之士，都认识到开启民智、唤醒民众是救亡图存、国家富强的首要任务。新文化运动特别是五四运动对社会巨大的冲击和洗礼，使得"德先生"和"赛先生"（即"民主"和"科学"）这一形象的称呼，成为当时中国新文化运动期间的两面旗帜，促进了思想解放、民众觉醒和社会进步，在中国历史进程中起到了巨大的推动作用。

　　受到新思想的感染和影响，直系将领冯玉祥在直奉混战的前线突然倒戈，于 1924 年 11 月发动"北京政变"，囚禁贿选的大总统曹锟，派卫戍司令鹿钟麟带兵逼迫逊帝溥仪离开紫禁城，并电邀

钟楼内悬挂的铸造于明
永乐年间的"古钟之王"

陈列于鼓楼内的在 1900 年被八国联军损毁破坏的
大鼓

孙中山先生北上共商国是。京师局势陡然发生巨变，国家处在新的
历史转折关口。此时任京兆尹的薛笃弼是一位思想开明、爱国进步
的官员，他决定利用钟鼓楼这块寸土寸金又人员聚集的"地标性"
场地来开发民智，提高国民文化素质。于是改鼓楼为"明耻楼"，
并辟为京兆普通图书馆向公众开放，后又改名为"京兆通俗教育馆"。
为了纪念京兆通俗教育馆的落成，薛笃弼撰写《京兆通俗教育馆记》
一文，由许以栗书石，镌刻在钟楼御制重建钟楼碑的阴面。

　　改名后的钟鼓楼，利用楼下各甬洞建起了图书馆、讲演厅、博
物部。楼上展示 1900 年八国联军入侵北京时屠杀人民和抢劫财物
的图片、实物和模型，供人参观，提醒国人勿忘国耻，发愤图强。
钟鼓楼四周空地被辟为京兆公园，设有各种运动器械，供人们锻炼
身体、休闲、娱乐。另外，还开设了平民学校，教国民读书识字，
以提高文化水平。后来在钟鼓楼之间小广场设立"平民市场"，在
钟楼下甬洞开设"民众电影院"放映无声电影。1933 年，"京兆

乾隆帝御制碑碑阴《京兆通俗教育馆记》拓片

通俗教育馆"改称"北平市第一社会教育区民众教育馆"。"九一八"事变后，全国军民抗日热情高涨，该馆经常举办展览会、讲演会、戏剧演出等多种宣传抗日的活动，激发广大民众的爱国热情和民族自卫精神。北平沦陷后，该馆被迫于 1942 年闭馆。新中国成立后，钟鼓楼再次焕发青春，先后更名为"人民教育馆""北京市第一人民文化馆""北京市东四区文化馆""北京市东城区文化馆"。1983 年，北京市政府决定修缮钟鼓楼，自此钟鼓楼作为北京中轴线最北端的标志性建筑掀开了新的一页。

京兆通俗教育馆记

治国之本在立政，立政之基在正俗，正俗之端在敷教。古者郯庠遂序国学之法，乡射饮酒之礼，考艺选言之政，莫不自上导之，而始成舜典。先曰敬敷五教，而后曰庶绩咸熙。笃弼行能无似尹此大邦，日孜孜不敢自暇自逸，凡有补风俗政教者，导之必期于成而后已。都城之北，旧有钟鼓楼，岿然矗立，圣褚不完，用就荒圮者有日矣。尝过其下，思有以易其名而利其用，遂有京兆通俗教育馆之立。于是，挈粪土，劚草菜，葺墙垣，治屋漏，丹楹桷，设四部于其间，中为讲演部、游艺部，左为图书部，右为博物部。架有图书，室列型模，壁图懿训。历代帝王之像，山川草木之类，动植飞潜之伦，山海珍异之物，农工出品之汇，张者、县者、罗者、陈者，举凡不出于教育之外。馆之上曰"明耻楼"，陈列国家失败之史，以启国人爱国之心。馆后设公共体育场，以练国人自强之身。中华民国十四年十月四日与同人落成之。中外人士来游者，趾相错，肩相摩也。视者、听者、立者、坐者、言者、起而行者、触目而警心者，皆使喻教育之意于其中。其国家设教之本务乎？当此强邻窥视，非提高民众之教育不足以图存。斯馆之设，殆亦古人敷教之旨欤。董筹备之役者为科长马鹤天，五阅月而成，凡用币万有八千余圆。掌馆事者为王凤翰，并记之以谂来者。

　　解梁薛笃弼撰文　常德陈方枬篆额　杭县许以栗书石
　　中华民国十四年十月　穀旦

大运河最北端的汇通祠乾隆帝御制诗碑

在热闹喧嚷的北京城北二环路，以积水潭为中心向外辐射，有许多名胜古迹，如巍峨高大的德胜门城楼、雍容庄穆的佛教圣地雍和宫、人头攒动的骨科名院——积水潭医院、徐悲鸿纪念馆……在这众多古今交映、错落相间的高大建筑中，始于明永乐年间所建、后被辟为郭守敬纪念馆的汇通祠显得很不起眼，如果不是刻意寻找，可能根本就不知道在这片流光溢彩、寸土寸金之地，还有这样一方向科学和文化致敬的清幽所在。

汇通祠和乾隆帝御制诗碑

从积水潭地铁 D 口东行数百步，一座青白石碑静立于汇通祠东侧碑亭之中。这座通高 2.43 米的御制诗碑，宛如一柄直指苍穹的石剑，默默诉说着清代北京城的水利往事。这座乾隆二十六年（1761 年）的御碑堪称立体诗卷：正面《御制积水潭汇通祠诗》以"澄潭积水映遥空"描绘水域美景，背面《御制积水潭三首》则记载"疏淤导顺植桃柳"的治理工程。碑身西侧另刻有乾隆五十一年（1786 年）补刻的《积水潭礼汇通祠》，形成跨越二十五年的治水诗篇三部曲。碑文揭开了清代北京水资源管理的密码。"潴蓄长流济大通"道出积水潭作为漕运枢纽的蓄水功能，"雨意溟濛犹未止"则记录着周边农田的灌溉之利。乾隆帝在诗中自述"辛巳疏通潭积水"，正对应 1761 年展开的河道清淤工程，而二十五年后仍关注"蓄水防淤"，足见水系治理的持续性。这座"通剑碑"的形制同样蕴含深意：夔龙碑首象征帝王权威，青白石料彰显庄重永恒，方座造型隐喻治水需根基稳固。碑身三面诗文构成完整的水利档案，从景观审美到工程纪实，从漕运保障到农业灌溉，立体呈现了古代都城的生态智慧。

汇通祠，原名镇水观音庵，明代永乐年间所建，相传与"黑衣宰相"姚广孝主持的北京水系规划相关。其位于积水潭北岸的圆形小岛上，正对通惠河（原护城河）注入积水潭的关口。自京北昌平白浮泉蜿蜒数十公里而来的泉水，经通惠河引至此处，沿小岛两侧流入湖中。因选址于水道关键位置，故以"镇水"为名，寓镇守水患之意。

明初洪武年间，北京城的水系格局正经历重要变革。玉泉山诸

拍摄于 1936 年的汇通祠老照片

水汇聚至西直门后兵分两路——一支向南滋养南护城河，另一支向东注入北护城河，最终在通惠河交汇，成为维系京杭大运河漕运的命脉。为平衡皇城水系的水位，开国大将徐达展现出了卓越的治水智慧。他在营建北京城墙时，特于积水潭入水口修筑水关，铸铁棂为栅，派重兵驻守。这座形制独特的"铁棂闸"，通过槽嵌式活动闸板的精妙设计，既能防止人员潜行，又可精准调节流向什刹海、"三海"的水流量。每当闸板升降，整座京城的河湖水位随之起伏，堪称掌控都城水脉的"黄金枢纽"。这座融合军事防御与水利调控的古代工程，不仅见证了北京城市水利体系的成熟，更彰显了中华民族"城水共生"的营城智慧。

乾隆二十六年（1761 年），高宗下诏疏通河道，重修镇水观音庵，并赐名汇通祠。重修汇通祠后，又竖立一通宝剑形的石碑镇守。1976 年因修建二环路地铁，汇通祠被全部拆除。1986 年动工重建并于两年后竣工，祠内有吴良镛撰文的《重修汇通祠记》，且复建后被辟为郭守敬纪念馆，于 1988 年 10 月 1 日起正式对公众开放。

2007 年 7 月，汇通祠乾隆帝御制诗碑被公布为西城区第二批重点文物保护单位。

京杭大运河最北端的汇通祠乾隆帝御制诗碑

郭守敬与京杭大运河

1272 年，忽必烈定鼎大都（今北京），这座新都面临着一个千年难题：如何将江南丰饶的物资源源不断地输往北方。始建于隋唐，历经五代、宋、金的京杭大运河，其传统航道以洛阳、开封为中心向西延伸至长安的格局，已无法满足元朝"向北看"的战略需求。在这场国家动脉的改造工程中，科学家郭守敬展现出惊人的智慧。通过精密的水文勘测，他创造性地提出"裁弯取直"方案：放弃绕行中原的传统河道，改为纵贯山东丘陵的直线航道。1293年，随着通惠河的贯通，这条北起北京积水潭、南达杭州，全长约一千八百公里的水上通衢终于完成历史性蜕变。大运河的改道不仅实现了"江南漕船直抵大都"的壮举，更推动了中国经济版图的重大变革。

　　郭守敬的祖父郭荣是金元之际的著名学者，精通五经、算数和水利。他的祖父让年幼的郭守敬拜同乡也是元初著名的政治家、文学家刘秉忠为师，"名师出高徒"这一古谚再次应验。1262年，元代著名文臣张文谦向忽必烈推荐郭守敬，说他"习水利，巧思绝人"。年仅三十一岁的郭守敬在受到召见时，陈述了"水利六事"，首议便是中都漕运："中都旧漕河，东至通州，引玉泉水以通舟，岁可省雇车钱六万缗（一缗等于一千钱）"，加上其他五条谈治河、灌田的建议等"六事"，将惠及农田近百万亩。忽必烈对他的建议大为赞赏，授予郭守敬"提举诸路河渠"的官职，后因屡建功绩被任命为都水少监。此后，郭守敬开始在水利方面大展身手，一方面开通河套黄河航运和修复河套古渠，解决河套地区航运和农田灌溉问题；另一方面协助老师刘秉忠参与大都建设的规划设计，主要负责城市引水、排水工程等工作，在水利建设方面卓有成效，声名鹊起。

天气变冷，人们为郭守敬塑像戴上了红围巾

　　元朝使用的大运河，不再行经河南而改道山东。在利用旧有的隋唐大运河河道的同时，对旧河道进行"裁弯取直"，开凿了从北京至通州的通惠河、从临清至梁山县的会通河、从梁山县至济宁的济州河等新河道。经过这次改造，终于形成了北起北京、南达杭州的京杭大运河，并一直沿用到明、清，成为今天的世界文化遗产。

　　在开通漕运的同时，元朝也非常重视海运，大量江南货物源源不断地汇集到通州，而如何从通州向大都运输这些物资就成为另一个重要的问题。为打通这段"肠梗阻"，郭守敬受命开凿一条从京城东达通州的新运河。其实早在金朝中期，就曾经开凿了一条从金中都到通州的运河，这条运河使用不久，就因为无法解决水源问题而不得不废弃了。因此，开凿这条新运河，首先要解决的就是水源问题。

　　郭守敬在经过周密勘测后确定了新运河的水源，即从大都城北面的昌平引白浮泉等诸多泉水向西南流，经过瓮山泊（今昆明湖）再向东南流，穿过大都城，继续东流，直达通州。同时，为了保持水源的流量稳定，郭守敬又在这条新运河上修筑了闸坝。从至元二十九年（1292年）的春天开工，到次年秋天竣工，这条长达一百六十多里的运河开始发挥巨大作用。一艘艘满载货物的漕船，通过这条新运河驶入积水潭。当年秋天，元世祖从上都返回大都，看到舳舻蔽水、川流不息的盛况，非常高兴，于是命名这条新运河为"通惠河"，取通达天下、惠及大都之意。

　　郭守敬的治水实践形成的白浮瓮山河、长河、坝河、通惠河等工程，与瓮山泊、积水潭等湖泊，共同构建了大都城"两入、两出、两蓄"的水系格局。这一格局和"前朝、后市"的城市布局相互呼应，使元大都成为独具风格的街市建筑与水源风貌完美结合的都城。

郭守敬与《授时历》

除了因为修建通惠河等而泽被后世外，郭守敬被人们铭记还因为他在天文学方面的杰出贡献。

中国古代天文学的发展始终与国家治理紧密相连。修订历法不仅是观测天象的科研课题，更是关乎国计民生的政治要务。历代王朝都将制定历法视为核心任务：其一，通过精准指导农时促进农业生产；其二，通过预测天象巩固政权合法性。正因如此，每次改朝换代后，新政权都会立即着手修订历法，以此昭示"天命所归"的政治姿态。在辽、金与宋三足鼎立的特殊时期，不同的政权使用各自的历法系统，这就导致各政权在年号纪年、节气推算等方面难以统一。当南朝记录某日发生日食时，北朝文献却显示为次日发生；当江南开始春耕播种，塞北仍在计算融雪时日。这种时间体系的不统一，折射出政治版图的割裂状态。随着元朝实现大一统，南北历法差异造成的行政障碍愈发凸显。忽必烈诏令郭守敬主持编修《授时历》，正是顺应了"车同轨，书同文"的治理需求。这部集历代历法之大成的著作，不仅统一了全国时间标准，更以实测数据校正了沿袭千年的误差，将中国古代历法推向新的高峰。

元世祖忽必烈统一大江南北之后，立即下令开始修订新历法的工作。从至元十三年（1276 年）起，郭守敬与许衡、王恂等奉命修订新历法，历时四年，根据大量实测资料并总结唐宋历法成就修成了新的历法，元世祖将其命名为《授时历》，取"敬授人时"之意。《授时历》是中国古历的集大成之作，也是当时世界上最先进的一种历法，通行了三百六十多年。为修订历法，郭守敬还改制、发明了简仪、仰仪、圭表、正方案等二十多种仪器。

1970 年国际天文学联合会为铭记杰出科学家的贡献，将月球背面坐标为 134° W、8° N 的环形山命名为"郭守敬山"，让这位元代天文学巨匠的功绩永耀寰宇。

七年后，由中国科学院紫金山天文台发现的编号为 2012 的小行星，被国际小行星中心命名为"郭守敬星"，在苍穹中见证着古代智慧与现代科研的时空交响。

早在此前的 1962 年，我

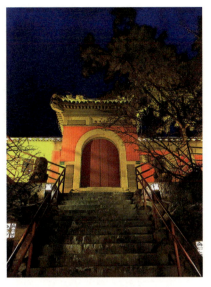

1986 年重建汇通祠时将其辟为北京郭守敬纪念馆

北京郭守敬纪念馆开发的套色印章

国邮电部发行的《中国古代科学家》纪念邮票已让四位先贤穿越千年与我们对话：蔡伦以造纸术推动文明传承，孙思邈悬壶济世著就《千金方》，沈括撰《梦溪笔谈》推动地质学的发展，郭守敬则凭《授时历》与简仪将中国天文推向世界之巅。

从积水潭命运变迁看时代的更迭

改革开放后，随着北京城市建设的快速推进、经济发展和人口的大量增加，缺水成为困扰北京的一大难题，南水北调工程的开通有效缓解了首都地区的缺水用水问题。其实历史上北京并不是一个缺水的城市，从"海淀""海子""莲花池""积水潭"这些地名就可见一斑。

东汉以前，积水潭水域原是高粱河上比较宽阔的一带河身，为永定河故道，在金代被称为白莲潭，位置在金中都城的东北郊。金代统治者在这片湖泊沼泽上兴建了太宁宫，作为皇帝郊游的离宫，并大大开拓其水面，因其中遍植白莲而被命名为白莲潭。

至元元年（1264 年），忽必烈在与幼弟阿里不哥争夺蒙古大汗位胜利后，决定把元帝国的都城放在大都，白莲潭成了元大都规划的核心区域。刘秉忠成为这座大汗之都的实际规划者，而郭守敬也较多地参与了这项伟大的工程。白莲潭被分为两部分，皇城外称积水潭，皇城内称太液池。建成后的大都出于物资运输需要，开凿了通州至北京的水路，即通惠河，使得千里之外的江南漕船可以直抵大都。除粮食外，来自全国各地的物资，如苏杭的丝绸、景德镇的瓷器、佛山的铁锅、安徽的茶叶等，都辗转运抵帝国的心脏，积水潭成为新的大运河终点和重要的物资集散地。积水潭周围也随之形成了大都城内最大的商业中心鼓楼和斜街市。当时，来自泰国、缅甸等东南亚地区的大象，被作为运输工具和宫廷仪仗队使用，有时皇帝的乘舆也用大象牵引。积水潭曾是皇家的洗象池，在夏伏之日，驯养员会带领大象到积水潭洗浴，引来众人围观。

元朝灭亡后，明朝建都南京，北京没有了庞大的物资运输需要，通惠河随之废弃。由于积水潭水源上游的村庄人口增加，土地被大量开垦，河道淤塞，积水潭的来水逐渐减少。同时，明军攻占大都后改名为北平，徐达主持将北平的北城墙南移五里。这次改建将积水潭北部最窄处一分为二，西北角被隔在城墙以外。明成祖朱棣迁都北京后，漕运终点移至大通桥，漕船不再进入京城。宣德七年（1432 年），由于皇城城墙的扩建，为保证皇家用水，通惠河上游的玉河被圈入皇城内，水路因此被切断。这使得积水潭在元代作为大运河终点码头的功能消失，经大运河运输来京的物资，一般到通州便弃舟上岸，改用马车运进朝阳门。京杭大运河北端点的积水潭与大运河失去了关系，昔日舟车如龙、千帆竞发的胜景也从此留在了人们的记忆和历史记录中。后来随着德胜桥、银锭桥的建成，元代本为一体的积水潭被一分为三：德胜桥西为积水潭（今西海），银锭桥西为后海，银锭桥东为前海。清代以后，后海、前海及其周边区域统称"什刹海"。

御碑风流

金陵龙纹石栏板引发的一段历史钩沉

　　龙是中华民族的象征，五爪龙这一形象专为皇帝、皇后所用，是皇权的重要象征。北京石刻艺术博物馆展厅内，陈列着两方精美的青白石菱形石栏板，材质精良，洁白细腻，莹润如玉。左侧栏板雕刻行龙，线条卷曲自如，龙鳞刻画细致，在风云流布中显露出一股凛然不可侵犯的昂扬气势。右侧栏板雕刻奔跑的双龙，前龙回首，后龙前趋，身姿皆洒脱矫健；衬地上的牡丹花卉叶片鲜活生动，花瓣层层叠加，与莲花纹结合，显得姿态饱满，雍容华贵；栏板上、左、右三面雕刻以牡丹花纹为母体的缠枝宝相花纹，底边镌刻回纹图案。

　　在精品荟萃的展厅中，小小的石栏板看似平平无奇，实则非同凡响，是金太祖完颜阿骨打的睿陵

北京石刻艺术博物馆藏金睿陵神道雕刻行龙的石栏板

北京石刻艺术博物馆藏金睿陵神道雕刻双龙的石栏板

神道石刻遗存，比著名的明十三陵的神道石刻还要早二百多年。

北京地区年代最早、规模最大的帝王陵墓群缘何被毁

中国封建社会一贯强调"以孝治天下"，同时又几乎全民信奉堪舆之说，从庙堂到民间对祖先陵墓的选址、建造、维护等都高度重视。作为掌握绝对权力的皇帝更是如此，非万不得已，轻易不会出现迁陵、毁陵的情况，但北京房山金陵却是一个例外。

金陵是中国历史上留下的为数不多的少数民族皇陵。位于北京房山区周口店镇的金陵，是金代皇帝和宗室诸王的陵寝，也是北京地区年代最早、规模最大的帝王陵墓群。金陵规模相当庞大，主要分布在大房山东麓的九龙山、凤凰山、三盆山鹿门峪（十字寺沟）等地以及大房山南侧的长沟峪一带。金代帝王陵寝原在金上京会宁府（今黑龙江省哈尔滨市阿城区），贞元元年（1153 年）海陵王

北京房山金陵遗址航拍图（供图：刘雷）

完颜亮迁都于燕京（今北京），改称中都。为了保证迁都的效果，达到长治久安的目的,同时也是为了增强和体现皇位来源的合法性，海陵王决定将原在黑龙江阿城的祖陵也一同迁至北京。他派司天台的官员在京寻找风水宝地,最终选在北京西南的房山一带。1155年，完颜亮下令建金陵仅两个月，便派人去迁移太祖阿骨打、太宗吴乞买等人的灵柩。

金陵共建有十七座帝陵和一座后妃陵，金立国前的始祖以下十帝均迁葬于此，被追封的四帝中有三位也葬于该陵。建成后的金皇陵气势恢宏、蔚为壮观，面积约 6.5 万平方米。金太祖睿陵，就坐落在九龙山土脉与"影壁山"凹陷处的罗盘子午线上。

金朝灭亡后，元朝善待房山金陵，在明天启之前，金陵一直保存较好。明朝末期，女真后裔满族如其先辈一样迅速勃兴，崛起于白山黑水之间，明军在关外连吃败仗。天启帝朱由校惑于风水之说，认为这是满族人的祖陵王气太盛，于是就向人寻求破解之法。天启元年（1621年），罢金陵祭祀，天启二年（1622年）、三年（1623年）又两次大举毁坏陵墓，将山脉的"龙头"削去一半，龙脉的"咽喉"挖深洞，填满鹅卵石以断龙脉。天启帝还下令掘地宫，并建多座关帝庙以厌镇之，这些都使金陵遭到了毁灭性的破坏。

清军入关后，为昭示自己政权来源的承继性和合法性，清廷对前朝皇陵重新修缮、保护和祭祀。顺治三年（1646年），第一次修复金太祖、世宗二陵。乾隆十六年（1751年），再次修缮金太祖、世宗陵。清末民初，兵连匪祸，金太祖、世宗的睿陵、兴陵被掘盗，再次遭到破坏。

1986年，出于文物保护的需要，文物工作者在房山考古发掘中发现了两座石椁墓、一处碑亭遗址、一座砖窑及大批汉白玉雕花石条、金代龙纹绿琉璃瓦、滴水等古代建筑构件。金睿陵神道两旁的石栏板，有两方被收藏至北京石刻艺术博物馆。2001年，文物部门对睿陵进行抢救性发掘，出土了大量珍贵文物，填补了我国金代考古空白，已被列为2002年全国重大考古发现。

北京房山金睿陵神道遗存（供图：刘雷）

如狂飙突进一样崛起于白山黑水之间的女真政权

十二世纪初由女真族建立的金朝，是兴起于我国东北地区的少数民族政权，共传九帝，享国一百一十九年。

完颜阿骨打（1068—1123年）亦称完颜旻，是金朝的创建者，史称金太祖。辽天庆五年（1115年）正月初一，阿骨打在上京会宁府称帝建国。1123年，金太祖去世，其弟吴乞买继位，即金太宗。金太宗继续讨伐大同一带的辽军。1125年，辽天祚帝被俘，辽朝灭亡。而早前脱离天祚帝自立的皇室成员耶律大石率部西行建立了西辽，建都虎思翰耳朵（今吉尔吉斯斯坦境内），共延续了九十四年。西辽又称后辽、西契丹，西方则称其为黑契丹或哈剌契丹，1218年被西征的蒙古军队所灭。

金太祖完颜阿骨打睿宗圣号碑
（供图：刘雷）

北京石刻艺术博物馆藏睿宗圣号碑拓片

　　金灭辽后，于1125年和1126年，两次出兵攻宋，攻破东京（今河南开封），掳徽、钦二帝及后妃、太子、公主等数千人，将府库洗劫一空北去，北宋灭亡。宋徽宗第九子康王赵构，于1127年在南京应天府（今河南商丘）称帝。1138年，宋室迁都临安府（今浙江杭州）。经过金和南宋几场激烈残酷的战争，1141年，宋、金达成"绍兴和议"，南宋放弃淮河以北地区，双方以东至淮河、西至大散关为界休战言和。此后，金国几度南下，但都未能消灭南宋，南宋数次北伐也无功而返，双方逐渐形成了长期对峙局面。

又一个因汉化而强又因过度汉化而亡的少数民族政权

　　长期以来，处在长城以南的中原汉地在政治、经济、文化等方面一直遥遥领先于周边民族，其间虽然也有"五胡入华"和突厥、契丹、党项等少数民族骑兵寇边发生，但最后的结果多是以少数民族汉化并融入中华民族告终。金是这样，它之前的辽和后来的元、清亦如此。女真汉化在政治上集中表现为金陆续继承了辽的汉官制度和自隋唐以来中原王朝确立的三省六部制。"太祖入燕，始用辽南、北面官僚制度"，即同时奉行女真旧制与辽制并行双轨体制。

　　女真汉化的另一个重要标志是统治中心的汉地化或汉地本位。辽始终坚持草原本位，而金在海陵王时就已确立了汉地本位。海陵王称帝后不久，即废罢行台尚书省，天德三年（1151年）四月"诏迁都燕京"，同时派人扩建燕京旧城，营建宫室。贞元元年（1153年）三月，金正式移都燕京，并改燕京为中都。为了彻底铲除保守势力的根据地，海陵王采取了非常决绝的措施："命会宁府毁旧宫殿、诸大族第宅及储庆寺，仍夷其址而耕种之。"如此坚决的态度，恐怕只有南北朝北魏孝文帝迁都洛阳的大刀阔斧可以与之相比。正是在这种情况下，金太祖阿骨打等人的陵寝才从天寒地冻的东北搬到了北京。

猛安谋克制度是女真族创设的军政合一、寓兵于农的特殊制度，是金的立国之本，与后来清朝的八旗制度十分相似。金的盛衰在很大程度上取决于猛安谋克制度的兴衰。后期的猛安谋克下的勇士们完全丧失了战斗力，这对金的败亡是致命的、根本性的。金朝以兵立国，女真人从尚武到不武的转变，给金朝的国运兴衰带来了决定性的影响。借用一句元人的话来说，就是"金以兵得国，亦以兵失国"。

金朝被蒙古和南宋夹击灭亡后，它的皇室成员遭到了胜利者的血腥杀戮和残酷报复，其惨烈程度堪比其先祖对待北宋被俘皇室的待遇。西方有句谚语："以剑杀人者，必将死于剑下。"随着金朝的覆灭，作为统一且整体的女真族也逐渐淡出了历史舞台的中央，等它作为一个统一且整体的民族建立后金政权和清朝，再次站到聚光灯下时，又要等上三四百年时间。

大道泽被后世　巨碑书写历史

北京城作为清代的国都，皇室、官僚、军队、商旅和上百万居民在此生活，为维持帝国中枢的正常运转，需要数量众多、种类各异的公共设施与之配套和提供服务。

清世宗胤禛是清朝入关后的第三位帝王，是康雍乾盛世长达一百三十四年历史中承上启下的一位皇帝。他在位虽然只有短短的十三年，但勤于政事，立志"以勤先天下""朝乾夕惕"，在内政、外交、国防、政治、经济、文化等方面均有不凡的建树，也在北京这座帝国的中心留下了许多打下他个人烙印的文物古迹。

雍正九年（1731年），因为在南城修建了一条"高速公路"而竖立的广宁门（今广安门）外石道碑，就是雍正帝执政期间留给后人的众多政绩的一个历史见证。

一通承载丰富历史文化信息的巨碑

中国有句老话"要想富，先修路"，雍正帝作为一位熟谙历史、精明强干的帝王，自然也明白这个道理。为解决广宁门至卢沟桥小井村一带年久失修道路的问题，方便京西南陆路往来，方便后世皇家子孙到易县清西陵谒陵祭拜，雍正帝下令花费巨资整饬修建了一条清代的"高速公路"，将广宁门至小井村原有的土路修成宽两丈、长一千五百丈，铺巨大石条的大道。石道竣工后，为彰显政绩、载誉后世，雍正帝下令立碑纪念这一盛事。

立于雍正九年（1731年）的广宁门外石道碑

雍正帝御制广宁门外石道碑拓片

广宁门外石道碑立于雍正九年（1731年）七月一日，青白石质地，通高6.44米、宽1.83米、厚0.64米，重达60吨。碑身四周边框浅浮雕祥云龙纹，碑侧各雕刻五条升龙。龟趺卧于海水纹饰椭圆形座上，下为方形海墁石。额篆"御制"，碑文满汉合璧，汉文居右，满文居左，为雍正帝御笔亲书。

碑文首先说明古代政府设置专职官员修建和维护道路，古已有之；其次阐述了京师作为帝国中心、中枢所在，保持其交通顺畅对维护国家正常运转、人民生产生活的重要意义；最后阐述广宁门至卢沟桥一带作为京城的进出门户，道路年久失修，官民通行严重受阻，改修道路十分必要和紧迫。碑文还讲述了道路的主责单位奉宸苑，用帑金八万两，路宽两丈，路长一千五百丈等重要信息。同时表达了皇帝宵衣旰食、勤政爱民、体察民间疾苦、希望国家长治久安的良苦用心和殷切期望。可以说，这既是修建这条重要道路的一份详细完备的历史文献，也是雍正帝在位期间众多施政举措的一个历史见证，还是这位帝王留给臣民和后人的一份"述职报告"。

雪后的北京石刻艺术博物馆综合碑区

广宁门外石道碑体魄宏大，雕刻纹饰精美，可谓是帝都石刻中的丰碑伟制，是明清北京地区众多石碑中的上乘之作。道光元年（1821年），为避道光帝名字"旻宁"的名讳，改"广宁门"为"广安门"。据《日下旧闻考》记载："广宁门外小井村恭建世宗御制碑亭，大井村西恭建皇上御制碑亭，皆在石道北，南向。"现在当年的黄琉璃瓦顶碑亭已无存，此碑现收藏于北京石刻艺术博物馆真觉寺金刚宝座塔东南侧的综合碑区。

一条惠及后人使用了二百多年的进京石道

清代为方便军民出行和物资运输，维持帝国中心的正常运转，不但疏浚了京杭大运河，还在城外新建和改建了很多道路，其中最为著名的有三条石道，即朝阳门至通州、广安门至卢沟桥、西直门至"三山五园"石板路。这三条石道都是用大型石块铺成，平坦工整，坚固耐用，总长度三十多公里。其中广安门至卢沟桥段的这条石道，自清代建成后造福京城百姓二百多年，于20世纪30年代中后期改建为沥青路。

清代的广安门是京城经卢沟桥通往西南的重要门户，从广安门至卢沟桥这一段的陆路交通要道，是清代皇帝拜谒西陵和去南方九省巡视的通常路径，因此有"九省御路"之称。元、明、清三代，定鼎北京，帝国南方诸省的官员、举子、商贾等，大多取道卢沟桥经广安门外大道进出京城。清代乾隆年间，顾森所作《燕京记》中载曰："外城七门，西向者广宁门，即张仪门。西行三十里卢沟桥，过桥四十里即良乡县，为各省陆路进京之咽喉。"

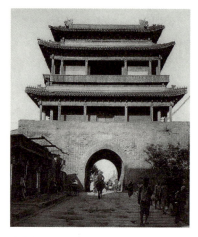

广安门旧影

然而这样一条进出京城的重要通道，却因"轮蹄所践，岁月滋久，渐至深洼。时雨既降，潦水停注，则行旅经涉，淹蹇泥淖之中"，成为令行人望而生畏、叫苦不迭的一段"肠梗阻"。特别是遇到雨雪天气，即使用灰土垫平夯实，依然跋涉难行。雍正初年，广宁门外官道因采用"石渣拌灰土"的传统工艺，每年雨季便遭车马碾轧损毁，形成"岁修不辍，劳民伤财"的困局。

这位以务实著称的皇帝并未选择简单修补，而是派专员实地勘察，最终决定采用当时最先进的石板铺路技术。施工采用"填洼为高，砌以巨石"的工艺，将原本泥泞的土路改造成宽两丈、长一千五百丈的超级大道。在当时没有钢筋、水泥、沥青的条件下，石板路是十分高级的路面，也是一项花费巨大的工程，总计花费帑金八万两。按道路长度折算，每尺约花费 5.33 两，"一尺道路五两三"的民谚由此流传。尽管造价高昂，其工程质量却经受住了时间的考验，直至民国时期仍是京西重要干道。作为清代京城官道典范，此工程不仅解决了交通难题，更树立了道路建设的标杆。雍正帝以"一劳永逸"理念（《雍正朝实录》），证明战略性公共投资的长远价值。

为纪念这一惠民工程的竣工，朝廷立碑纪事。在使用二十多年后，这条石道出现了不同程度的损毁。乾隆二十二年（1757 年），朝廷决定对这段石路进行重修，并将其延长拓展。"因旧趾修筑者一千九百八十四丈有奇，又新道增筑者四百七十七丈有奇，凡支帑金十三万八千一百有奇"，在重修

建于乾隆四十年（1775年）的大井村石牌坊旧影

雍正朝石道的基础上，从小井往西续修到了大井村，长度增加了四百七十七丈（约1.5千米），用去帑金十三万八千多两。至此，这条石道东起广安门，经关厢、太平桥、六里桥、小井、大井、五里店到卢沟桥，全线贯通。

经过雍正、乾隆两朝的多次修整，这条由京城通往南方的通衢大道得到了较好的整治和维护。嘉庆、道光以后，国力衰退，国家多事，官方对这条官道修治也愈来愈少，缺乏养护的石道也像清朝不断下滑的国运一样，逐渐残破凋零。

民国期间曾经多次对此路进行改建，其中于1935年、1937年两次将其修成简易公路，在1939年又将这条道路重修为3米宽的混凝土道路，并铺设了沥青路面。新中国成立后，1951年又将其路面展宽为6米，1955年开始兴建京周（北京至周口店）公路，起点即为广安门。1987年，修建京石（北京至石家庄）高速公路时，六里桥至卢沟桥段基本上就是沿清代石板路这条线建设的。

一个迷雾重重、富有传奇色彩的清代强势帝王

中国封建帝王中，庙号"世宗"的皇帝大多强硬、强势，比如晋景帝司马师、文襄帝高澄、嘉靖帝朱厚熜和雍正帝胤禛等，都以性格强悍、铁腕治国著称。雍正朝上承康熙伟业，下启乾隆之治，是康雍乾盛世承前启后的关键阶段。诚如著名学者、《雍正传》的作者冯尔康先生所言："如果说康、乾两朝的功业，如同两座对峙的山峰，但在这两峰之间，又夹着雍正朝一峰，康、雍、乾三朝功业，构成了一组不可断裂的群峰。"清世宗胤禛在清十二帝中故事较多、争议最大，是一位十分复杂而矛盾的历史人物。

康熙帝在位六十一年，晚年对官员贪腐问题比较放纵，吏风渐至颓废。雍正皇帝在位只有短短的十三年，他作为一个非常务实且很有政治见解和胆识的帝王，在位期间力排众议，大刀阔斧地进行改革，反贪除弊，在许多方面都实行了新政，为康雍乾盛世的发展和延续奠定了坚实基础。政治上，实行改土归流，加强对西南少数民族的统治和对边疆的控制；为加强整顿吏治，完善密折制度监视臣民；设立军机处以专一事权，使军机处取代议政王大臣会议、内阁和南书房，成为帝王权力的中枢；建立秘密立储制度，使得皇位继承制度化，有效防止了皇子争位互相倾轧局面的再现等等。经济上，摊丁入亩政策，比较成功地解决了中国古代历史上的人口税问题；耗羡归公和养廉银政策，具有现代财政预算、财政管理的意义；废除贱籍制度，缓解了社会矛盾，一定程度上解放了生产力。军事上，在康熙朝对西藏、青海和准噶尔部用兵的基础上，继续旗帜鲜明地打击分裂势力，维护了多民族国家的政治统一和边境稳固。

总之，雍正帝虽然在位时间不长，但立志以勤先天下，励精图

治，朝乾夕惕，主张"为政务实"，从实际出发踏实办事，施政严猛，有雷厉风行的办事作风，做了许多帝王望尘莫及的实事、大事，实属不易，其建树之多、政绩之大不亚于历史上的其他名君。因此，旅日清史专家杨启樵评价说："康熙宽大，乾隆疏阔，要不是雍正的整饬，清朝恐早衰亡。"广宁门外石道碑记载的正是雍正帝诸多政治活动中一件很小的事情，但数百年后的人们在受益之余，依然记得和感谢这位封建帝王的德政善举。

揭开历史的面纱，这位以冷峻著称的帝王却有着鲜为人知的"潮人"特质。故宫博物院珍藏的"胤禛行乐图"系列，展现了雍正帝突破传统的审美趣味的一面——他不仅是首位穿洋装的清朝皇帝，在画作中时而头戴卷曲假发扮作西洋贵族，时而化身垂钓老翁，展现出与奏折朱批中勤政形象的反差。雍正帝对西洋器物的痴迷堪称历代帝王之最。据清宫档案记载，他亲自参与设计钟表造型，要求工匠在表盘镶嵌珐琅花卉，现存"铜镀金转花自鸣过枝雀笼钟"等百余件钟表珍品见证着这份狂热。其眼镜收藏更达三十五副之多，从水晶、茶晶到墨晶材质一应俱全，甚至特制折叠式眼镜盒以方便随身携带。

品葡萄酒则是雍正帝另一大雅好。为保存稀世佳酿，他命造办处打造特制玻璃瓶，开创清代宫廷葡萄酒收藏先河。这位勤政帝王每日批阅奏折近万字，却仍保持对新鲜事物的探索：他在圆明园开辟葡萄种植园，试图破解酿酒奥秘；其清西陵选址打破"子随父葬"传统，呼应其多面人生——既是勤政改革的铁腕君主，也是引领潮流的"时尚先生"，在森严皇权下跳动着一颗鲜活的心灵。

雍正帝御制碑上的『拈花一笑』

自古以来，人们对于名字都寄予一定含义和特殊情感，一个好名字可以让人容易记住，也比较容易传之久远。作为历史文化名城、国家首都所在地的北京，分布着大量佛教寺院，在这众多的京城名寺中，又以拈花寺的寺名令人耳目一新、印象深刻，"拈花"二字寓意深刻，含义隽永。

拈花寺坐落在什刹海街道大石桥胡同 61 号，原为明代宦官赵明杨故宅，万历九年（1581 年），司礼监太监冯保承孝定皇太后命改建，赐名"千佛寺"。雍正十一年（1733 年）重修寺庙，修缮后改寺名为拈花寺，雍正亲撰御制拈花寺碑文，和硕果亲王允礼书丹。寺内现存明代建筑遗存，该寺被列为北京市文物保护单位。

明清时期著名古刹拈花寺

西蜀名僧遍融由庐山来到北京，曾至法通寺、旵日寺。万历皇帝的母亲李太后一向尊崇佛教，出资兴建了许多佛寺，其中著名的有万寿寺、慈寿寺、拈花寺、慈慧寺等。万历皇帝的幼时大伴、司礼监掌印太监冯保，为了讨李太后欢心，特意买下御用监太监赵明杨的住宅，说动李太后出资为高僧遍融修建庙宇。李太后慷慨解囊，捐出她个人的"膏沐资"（点灯洗浴钱），潞王和公主也捐钱若干缗，由太监杨用负责建寺工程及督造佛像。万历八年（1580年）动工，万历九年（1581年）秋天建成。"（千佛）寺南向为山门，为天王殿，为钟鼓楼；中为大雄宝殿，为伽蓝殿；后为方丈，为禅堂，为僧寮，为庖湢，为园圃；左右侧则有龙王庙及井亭。养老、礼宾，诸所靡不备。""殿供毗卢舍那佛，座绕千莲，莲生千佛"，故名千佛寺。此外寺内还有铜铸十八罗汉像、二十四诸天像，"其像铜也，而光如漆"。

据史部尚书赵志皋撰《大护国千佛寺遍融大师塔院碑记》记载："（李太后）赐金百镒，范像千身，千佛寺者所由建也。"金百镒，当为二千四百两金，相当于二万四千两白银，是很大一笔钱。"寺成，即请（遍融）师居之"。建成后的寺院后楼下层为念佛堂，上层为千佛阁，阁内藏有明代所铸的铜佛毗卢世尊莲花宝座，佛座周围有千朵莲花环绕，每座莲花上有一尊铜佛，制作极为精美。大殿宝殿内有十八尊铜制罗汉像。寺内原有两通石碑，一为明万历九年（1581年）所立的撰有《新建护国报恩千佛寺宝像碑记》之石碑，另一通是雍正十二年（1734年）雍正帝御制拈花寺碑。

万历初年，被称为"宰相之杰"的内阁首辅张居正在取得李太

京城名刹拈花寺山门旧影

京城名刹拈花寺山门现状

后和小皇帝的支持，以及在有"内相"之称的司礼监掌印太监冯保的配合下，为挽救明王朝，缓和社会矛盾，在政治、经济、国防等各方面开启了一场轰轰烈烈的改革。这场持续十年的改革，推行考成法、"一条鞭法"，大力裁减冗员，节制权贵，打击地方豪强，减轻农民负担，增加国库收入，缔造了"万历中兴"，为病入膏肓的明王朝又续命四十多年。

至清雍正年间，千佛寺历经明清易代的战乱与风雨侵蚀，已是"琳宫颓敝，钟鼓寂寥"（《拈花寺碑记》）。清世宗雍正帝与佛教渊源颇深，其对待佛教的态度既受个人修行影响，亦与巩固统治的需求密切相关。登基初期，雍正帝为强化儒家君主形象，曾宣称"十年不见一僧，未尝涉及禅之一字"（《御选语录》序），但至雍正十一年（1733 年），转而以"禅门宗匠"身份整饬佛教。彼时京师虽"刹寺棋布，开堂秉拂者日众"，禅宗却因流派纷争渐失正统，雍正帝遂敕修千佛寺，旨在树立禅宗典范。工程历时一年，竣工后雍正帝亲题"觉岸慈航"匾额，并敕赐寺名为"拈花寺"，至乾隆年间，乾隆帝续题"普明宗镜"匾。

到 20 世纪 30 年代，寺内曾创办拈花寺小学，招收幼僧。1948 年，拈花寺被原热河省流亡学生占据，寺内文物遭到严重破坏并大量流失。1959 年大雄宝殿被拆除期间，原二十四诸天造像中的十八尊鎏金铜像被移至白塔寺七佛殿，另四尊被移至法源寺，雍正帝御制拈花寺碑则被收藏于北京石刻艺术博物馆。20 世纪 60 年代，中国人民大学印刷厂进驻并使用寺内建筑。2003 年 12 月，拈花寺被公布为北京市市级文物保护单位。

现收藏于北京石刻艺术博物馆的雍正帝
御制拈花寺碑

雍正帝御制拈花寺碑拓片

为御制碑书丹的和硕果亲王允礼

清朝由来自东北的少数民族满族创建，但它却不是一个"只识弯弓射大雕"、粗鄙少文的民族。相反，从顺治帝之后的历代清朝帝王都受到了严格、正规、良好的教育，其中康熙帝、乾隆帝的文治武功较之中国历史上任何一位汉族帝王都不遑多让。满族学者、作家、艺术家也有很多，比如《红楼梦》的作者曹雪芹、著名词人纳兰性德、近代著名文学家老舍先生等等。由于长期重视文化教育，有清一代宗室成员的文化素养也普遍较高，比如清代中叶书法四大家之一的成亲王永瑆、清末著名书法大家溥心畬等，就是他们中的代表人物。

清代早期由于入关未久，清朝统治者对中原汉地的儒家文化经历了一个从接触、接受，到研习、推崇的过程。文化传承需要积淀，统治者对汉文化的吸收成果更需时间方能显现。但此期间满族上层中却罕见地出现了两位兼具政治身份与文艺造诣的皇室成员：康熙帝皇三子允祉与皇十七子允礼。其中允祉曾主持编修《律历渊源》（实际主要负责统筹而非直接编纂），允礼则在书法领域成就斐然。需特别说明的是，电视剧《甄嬛传》中的"果郡王"原型即允礼，但历史上其正式爵位为"和硕果亲王"（亲王爵高于郡王），且该剧情节多属艺术虚构。允祉的文化贡献不仅仅限于《律历渊源》，其主持的蒙养斋算学馆培养出大批历算人才，推动了清代科学发展的进程。而允礼作为雍正朝重要宗室成员，除书法成就外，在治理西藏事务中亦有建树，其多重身份折射出清初皇室成员"文武兼修"的培养模式。

受由二月河先生小说改编的两部名剧《康熙王朝》《雍正王朝》热播的影响，大家对康熙帝晚年的"九子夺嫡"事件津津乐道。诸皇子竞争的最后胜利者是皇四子胤禛，即后来的雍正帝。关于雍正帝继承帝位，历来众说纷纭，从史学界到民间说法不一，除正常合法继位外，也出现了很多曲折离奇甚至荒谬的传闻。比如一种说法是雍正帝矫诏篡立，将康熙帝传位十四子允禵的遗诏篡改；另一种说法是雍正帝勾结隆科多等人派血滴子弑父，而后矫诏自立。结合他继位后对几位政敌兄弟的严厉、残酷、血腥打击，好像也证实了他得位不正。为了驳斥夺位流言，雍正七年（1729年）九月，雍正帝写下《大义觉迷录》，详细叙述了康熙帝临终授命的情形并诏告全国。围绕雍正帝继位的问题，为后来的小说家特别是香港的影视作品提供了极富想象力的素材，比如民间传说雍正帝后来被吕留良的孙女、女侠吕四娘刺杀死于非命等。

目前多数历史学家倾向认为，雍正帝是康熙帝临终传位的合法君主，但也普遍认为他是一个比较严厉苛刻的帝王。从皇族中人对雍正帝继位的态度和反映可以看出，雍正帝的兄弟虽然有很多，但真正支持他继位的只有皇十三子允祥一人。康熙帝诸皇子中结局最为悲惨的当数皇八子允禩和皇九子允禟，二人被雍正帝议罪圈禁，迫害致死，并且还被削宗夺爵，逐出宗室，就连名字都被分别改为了"阿其那"和"塞思黑"。皇三子允祉也被圈禁，其子弘晟被削去世子之位。同为"八爷党"成员的皇十子允䄉被圈禁十三年，直到乾隆帝登基之后才被放出。雍正帝的同母兄弟皇十四子允禵先是被罚去看守皇陵，后又遭到了幽禁，也是在乾隆朝才重获自由。皇长子允禔、废太子允礽，在康熙朝时期就被圈禁，雍正帝则将他们圈禁至死。

皇十七子允礼和康熙帝的其他年龄较小的皇子，未卷入皇位的争夺，与雍正帝的兄弟感情尚存，因此得以保全。雍正帝初政，在急欲笼络皇亲的用人之际，除允祥得到重用外，允礼也被迅速起用。雍正一朝，允礼深受倚重，累获升迁，先后管理工部、宗人府、户部等事务。雍正帝在去世前，遗命果亲王允礼和庄亲王允禄为顾命大臣，还特别指出："庄亲王心地醇良，和平谨慎，但遇事少有担当，然必不至于错误。果亲王至性忠直，才识俱优，实国家有用之才。"乾隆帝继位后，允礼又受命"总理事务，解宗令，管刑部"。乾隆三年（1738年）二月允礼逝世，乾隆帝亲临其丧，赐谥"毅"。因其膝下无子，乾隆帝特地将雍正帝第六子弘瞻过继给他。

尊崇佛教是清朝的重要国策，雍正帝也很好地坚持了这一既定

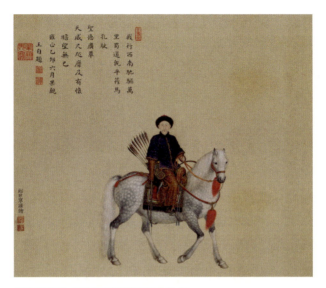

意大利传教士郎世宁绘果亲王允礼像

方针。雍正十一年（1733年），皇帝发内帑在京师地区敕修了法源寺、广通寺、贤良祠、十方普觉寺、大慈观音寺多座佛寺庙宇。同时，雍正帝在宫中举行"当今法会"，现身说法并收多位王公大臣及僧道为门徒，其中果亲王允礼与拈花寺住持超善均位列其中，允礼被雍正帝认为是"能彻底洞明者"之一，是他参悟佛教的"禅道密友"。

果亲王允礼工书法，善诗词，颇受其父康熙皇帝书风影响，行书承董其昌遗韵，兼宗"二王"（王羲之、王献之），楷书取法欧阳询与虞世南，其书遒劲有神，潇洒飘逸，融唐代法度与宋人意境，深得雍正帝推崇。 雍正十二年（1734年），允礼奉命护送七世达赖喇嘛返藏，雍正十三年（1735年）返京途中经华清池，沐浴温泉后作《骊山温泉诗》并刊刻立碑。该碑书法遒劲华丽，柔和风逸。其撰书的《望太白积雪诗碑》现存于西安碑林博物馆。允礼曾奉敕题写雍正帝御制拈花寺碑及山门匾额，北京觉生寺山门匾额、文殊院"开甘露门"匾额等亦出自其手笔。雍正帝驾崩后，允礼奉旨撰写泰陵碑文，然未竟全功而卒，后由臣工续成。

"拈花一笑"与禅宗的渊源

雍正帝御制拈花寺碑对赐名"拈花"做了解读："……日月星辰，山河大地，人民六畜，城郭市廛，有情无情，即色非色，处处是拈花道场法会，刻刻是拈花时节因缘，物物是如来手中之花，……居此寺者，尚其证琇国师（顺治朝名僧）之所证，入此大圆觉海，步步踏得正修行处，不负世尊当日拈花示众，与世祖皇帝护持佛法深恩，以为直省刹寺倡，朕有厚望焉。""拈花"一词源于"拈花一笑"或"拈花微笑"，与佛教禅宗渊源颇深。

宋代禅宗史书《五灯会元·释迦牟尼佛》中记载："世尊在灵山会上，拈花示众，是时众皆默然，唯迦叶尊者破颜微笑。"自此"拈花一笑"的故事也流传开来。这里的世尊指的是大家熟知的释迦牟尼佛，迦叶尊者则被中国禅宗列为"西天第一代祖师"。佛陀把平时所用的金缕袈裟和钵盂一并授予了迦叶，这一行为也成为历代禅宗继承人在传法时所举行的"衣钵真传"仪式。

中国佛教出现过许多派别，主要有八宗，即法性宗、唯识宗、天台宗、华严宗、禅宗、净土宗、律宗、密宗，其中又以禅宗和净土宗影响最大。禅宗深受佛门大德、士大夫阶层的喜爱，而净土宗则广泛流传在社会底层，影响巨大。禅宗的创始人相传是来自天竺的高僧菩提达摩，被认为是释迦牟尼的第二十八代传人、禅宗始祖，祖庭在少室山少林寺。真正把禅宗发扬光大的是六祖慧能。据说，一次他看到神秀的偈子"身是菩提树，心如明镜台；时时勤拂拭，莫使惹尘埃"，听人读后，目不识丁的慧能请人题偈："菩提本无树，明镜亦非台；本来无一物，何处惹尘埃！"五祖弘忍认为慧能的这个偈子和他的佛性优于神秀，于是决定传衣钵于慧能。

禅宗成为在中国影响最大的佛教派别，渗透到了国人生活的方方面面，深刻影响和塑造了我们民族的生存方式、思维模式和民族性格。特别是对中国的文学艺术、士大夫的审美情趣产生了重大而深远的影响，比如后来的白居易、苏轼、黄庭坚这样的大诗人都熟谙禅语，写出了许多酷似禅偈的诗作，其中苏轼还与高僧佛印有很多典故流传至今。素有"诗佛"之称的王维，他的山水诗蕴含禅味，空灵神妙。大量的禅宗公案和各种语录偈颂成为中国文学史的重要组成部分，影响了一代又一代中国文人，甚至推动了现代白话文的发展。雍正帝作为一个汉化程度很高的帝王，也不可避免地受到了禅宗思想的影响，他对拈花寺的命名或许就是这位帝王佛学素养的一个体现和佐证。

比红叶还要珍贵的碧云寺石牌楼

文化的力量是巨大的，影响是长久的。一篇曾被收入中学语文教材的美文《香山红叶》，让北京的香山红叶天下闻名，许多人不辞辛劳千里迢迢慕名而来，登香山，赏红叶，体会古都的秋、自然的美。香山红叶美，但毕竟树木年年皆可生发，而香山一带除红叶、花卉、名木古树等美丽的自然景观外，还有大量不可再生的人文景观，著名的如香山寺、碧云寺、卧佛寺、宝相寺、实胜寺等。它们穿越岁月，沉淀历史，传承文明，化为文物。碧云寺因有一组兼具异域风情和中国文化元素的佛教建筑群而显得更加珍贵，它的石牌楼更是京城乃至国内石雕艺术的精品。

京城石牌楼无出其右者

　　作为历史文化名城、元明清帝都，北京地区的石牌楼以数量大、品级高、雕工美而著称于世，保存下来比较完整的有十三陵大红门石牌楼、田义墓石牌楼、戒台寺石牌楼等，碧云寺石牌楼更是因为同时具有文化、宗教、政治、历史等多重因素，成为京城石牌楼中的"大牌"和精品力作。碧云寺有木、石、砖三座牌楼，石牌楼的精美程度在北京应该是独一无二的，主要体现在其用料、造型和雕刻上。在造型上石牌楼是四柱三门三楼冲天柱形式的，牌楼两侧有一字墙屏风和八字墙影壁，这种形式在北京也是绝无仅有的。

　　石牌楼为四柱三间冲天式，青白石质地，立柱满雕如意云纹，柱头上的石狮子栩栩如生。正楼、次楼为五踩斗拱，正间、次间的下横枋上雕刻二龙戏珠图。额枋上匾额刻有乾隆帝御书"西方极乐

北京香山碧云寺四柱三门三楼柱出头式石牌楼

119

石牌楼北侧一字墙屏风阳面所刻中国古代人物浮雕

世界阿弥陀佛安养道场"，在"阿"和"弥"两字中间钤有"乾隆御笔"印文。龙门枋正中刻有乾坤符号，横枋二龙戏珠图之上是六鹤绕乾坤图。立柱的抱鼓石上雕刻缠枝莲纹。一字墙屏风阳面上是象征着"忠孝廉节"的中国古代人物浮雕，且人物旁有荷叶匾，其顶为荷叶帽，下托一朵盛开的荷花，中间镌刻题记。中国古代人物浮雕共有八位，北侧为战国时期赵国名臣蔺相汝（如）、西晋太守李蜜（密）、三国蜀汉诸葛亮、东晋陶远（渊）明，其旁均有脚下踩山石、头上有祥云的书童侍立；南侧为唐朝狄仁杰、南宋文添（天）祥、元代河南经略使赵必（璧）、东晋名将谢玄，其周围刻有山石、树木、祥云等图案。屏风阳面的额枋上刻有两组字，北侧为"精诚贯日"，南侧为"节义凌霄"。屏风左右的八字墙影壁阳面刻有两只麒麟，北侧麒麟蹄下有一枚"天下太平"铜钱和一只活泼灵动的小狐狸。

一字墙屏风阴面刻有一对眼若铜铃、长毛披肩的狮子。北侧为母狮子，其背上趴着一只同样长毛披肩的小狮子，脚下还仰卧着一只小狮子。南侧为公狮子脚踩绣球，一旁的松树上趴着一只拖着大尾巴的小松鼠，且枝叶间还有两个圆润饱满的大松果。屏风阴面的额枋上刻有两组字，北侧为"东华注算"，南侧为"南极流辉"。

石牌楼北侧八字墙影壁阳面所刻麒麟

石牌楼北侧八字墙影壁阳面所刻麒麟蹄下的"天下太平"铜钱和小狐狸

　　八字墙影壁阴面刻有场面宏大的八仙过海图案，所雕刻八仙人物北侧是铁拐李、何仙姑、张果老、汉钟离，南侧为吕洞宾、韩湘子、曹国舅、蓝采和。八仙过海，各显神通，八位仙人在海面上乘风破浪，你追我赶，衣袂飘飘，满壁风动。铁拐李脚踩酒葫芦，脚旁有一只梅花鹿，右手拄着拐杖，左手托着酒葫芦，葫芦中的仙气中又出现了另一个铁拐李。何仙姑乘着荷叶，身姿翩跹，出尘绝艳，

石牌楼北侧八字墙影壁阴面所刻自带"仙女"二字的何仙姑

石牌楼南侧八字墙影壁阴面所刻"吕洞宾三度柳树精"

肩上长柄笊篱中卧着一只金蟾，像旁刻有"仙女"二字，看后不觉令人莞尔。

一座石牌楼上有如此丰富的内容，既有佛家的宝相花、佛八宝、狮子等纹饰，又有道家的八仙图、乾坤六合图（六只仙鹤围绕乾坤卦符），还有儒家的代表"忠孝廉洁"的文臣武将像，儒释道三家元素如此大量、密集地集中一处，毫无违和感，和谐共存，相映生辉，京城中无出其右。此外，它的规格豪华、材质优良、雕工之美、体量庞大等，都让碧云寺石牌楼成为北京地区乃至全国牌楼中为数不多的"顶奢"。

乾隆帝在碧云寺营建了一个独立的塔院

北京的牌楼，除了修建在寺院建筑群入口处，也有不少修建在佛塔之前，北海公园永安寺白塔前石阶路上的"龙光紫照"牌楼，西山碧云寺金刚宝座塔前木、石、砖三座牌楼，西黄寺清净化城塔前后的两座石牌楼，都是乾隆年间建造的。

碧云寺位于山岳环抱、林密水秀、风景旖旎的京西香山，园林环境精妙绝伦，一如明代陶允嘉在《纪游》中所云："西山一径三百寺，唯有碧云称纤秾。"碧云寺坐西朝东，呈南北对称轴线式布局，依山势而建，层层叠起，其建筑呈明显的南北对称式布局，分为中路主要建筑、南路主要建筑和北路主要建筑三大部分。中路主要建筑有山门殿、弥勒殿、大雄宝殿、菩萨殿、孙中山纪念堂、金刚宝座塔；南路主要建筑有禅堂院、罗汉堂、藏经阁；北路主要建筑为乾隆帝行宫，有涵碧斋、含青斋、洗心亭、清净心、试泉悦

远眺碧云寺金刚宝座塔

性山房、龙王庙等。碧云寺的布局是中国传统寺庙伽蓝七堂制的典型例证，整体式样给人以层次分明的庄严感和秩序感。

金刚宝座塔位于中路建筑的最后一进院落，其外围是高大的红色围墙，信步走上台阶，迎面是一座木牌楼。再上几个台阶，则是一座高大华美的石牌楼。走过一座小石桥，左右是两座御碑亭，亭内立有乾隆帝御制碑。猛一抬头，山顶34.7米高的金刚宝座塔映入眼帘。步移景异，虚实相生，通过牌楼作为前导，一百多步蹬道的地形变化，增加了建筑景深，不仅具有引导、净化和铺垫作用，而且在分割、承启寺院前后不同风格方面也是点睛之笔。著名作家端木蕻良在《香山碧云寺漫记》中写道："从正殿向后面去，便会碰到一座石牌坊……这个牌坊不仅是人物雕得如生，而整个白石牌坊都是用云纹填满，在半山腰的绿树丛中，它真的就像是出山里白云堆就的一样。"石牌楼这种具有强烈民族风格和地域风格的中国建筑样式出现在这个名刹之中，也有其必然性，无论是它的建筑样式，还是牌楼上雕饰的图案、人物、文字、故事等，都在具体、准

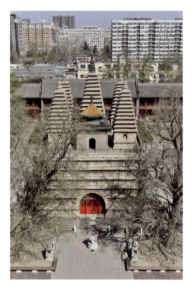

依山势而建的碧云寺金刚宝座塔

乾隆二十六年（1761 年）添建重檐罩亭的真觉寺金刚宝座塔

确地传达着它的中国风格、中国气派、中国精神、中国元素。

除石牌楼外，碧云寺金刚宝座塔的艺术价值和独特性、稀缺性在国内也几乎是独一份的存在。目前国内明清时期金刚宝座塔的实体建筑仅有几座，十分稀有和珍贵。相较于昆明官渡妙湛寺金刚塔、北京真觉寺金刚宝座塔、呼和浩特慈灯寺金刚座舍利宝塔等，碧云寺金刚宝座塔是一向喜欢标新立异的乾隆皇帝的升级改造版，是中国化的金刚宝座塔的 2.0 版本。

乾隆十三年（1748 年），乾隆皇帝对碧云寺重加修葺，新建金刚宝座塔，同时增建行宫和罗汉堂，轴线往西延伸，寺庙重心后移，形成一个独立的塔院，使得碧云寺由原来单一的汉寺变为"前汉寺，后喇嘛寺"的组合寺庙格局，营造出"万峰圆殿阁，碧色净如云"的胜境。《日下旧闻考》详细记载了乾隆年间扩建后的规划："正凝堂迤北为碧云寺，山门东向，度桥为天王殿，复逾桥为正殿，为次层殿，后为三层殿，又后为金刚宝座塔院，院前白石坊座一……碧云寺南为罗汉堂，后为藏金阁……碧云寺北为涵碧亭，后为云容水态，为洗心亭，又后为试泉悦性山房。"

碧云寺钩沉出一长串历史名人和重大事件

由于地处北京近郊、为西山美景之一及文化宗教等因素，碧云

碧云寺石牌楼额枋上乾隆帝御书
"西方极乐世界阿弥陀佛安养道场"

寺不但成为人们观光游览的旅游胜地，也记录了许多历史名人和重大事件。成书于明末的《帝京景物略》，记载了文徵明、王世贞、李攀龙、倪元璐、袁中道等人的七十五首咏碧云寺诗，足以彰显这座佛教名刹的景物之美和受人关注度之高。

碧云寺的兴建，大致分为元、明、清三个时期。元至顺二年（1331年），耶律楚材的后裔耶律阿利吉将府邸改建为寺，称碧云庵。明正德九年（1514年），御马监太监于经加以增拓，俗称"于公寺"。明天启三年（1623年），宦官魏忠贤重修。明神宗、清圣祖都曾为景点题名。清乾隆十三年（1748年），乾隆帝在明朝的规模上又进行大规模的修葺和扩建，新建金刚宝座塔、水泉院、罗汉堂等建筑，由此碧云寺形成了如今的规模。1925年，孙中山先生病逝于北京，曾停灵碧云寺。

碧云寺的历史除与帝王、文人雅士相关外，明代的两个著名太监于经和魏忠贤为碧云寺的扩建、改建也做了贡献。于经生活在武宗朝，因为经常侍奉这位荒唐的皇帝蹴鞠玩乐而得宠，曾在九门关外张家湾等处开设皇店，大肆敛财，侵吞颇多。嘉靖帝继位之初，于经因罪下狱后病死狱中。此后魏忠贤的老领导司礼监秉笔孙暹，以及负责照管魏忠贤的御马监太监刘吉祥，先后在此营造墓地。

魏忠贤在天启年间操柄数年，权倾天下，人称九千岁，梁启超评价李林甫、魏忠贤等人"巧言令色，献媚人主，窃弄国柄，荼毒生民"。天启七年（1627年）十一月，魏忠贤在赴凤阳戍所途中，自缢于阜城县（今属河北衡水）旅舍，被熹宗"诏磔其尸，悬首河间"。京城内除碧云寺外，还有大量由太监出资或监工建造的佛寺，太监们兴建佛寺不是个案和孤例，而是一种普遍现象。究其原因，明代帝后普遍崇佛甚至佞佛，太监投主子所好，也大量兴建佛寺；

太监年老无人奉养多聚居一处相互扶持，得势时建佛寺也是给自己留一条后路；佛家所说的生死轮回观念让此生不能成为正常人的太监，希望通过建寺积累功德，以求来世改变命运。尽管太监们修建寺庙大多出于私心，但也给世人留下了宝贵的遗产。

乾隆帝的『初心碑』

　　毗邻北京动物园，有一座景观独特的明清皇家寺庙旧址，因寺内金刚宝座塔顶部矗立五座密檐小塔，此寺俗称"五塔寺"。北京地区唯一一座收集、研究、保护石刻文物的专题博物馆——北京石刻艺术博物馆就在这里。初心原指做某件事的最初心愿、最初因由。五塔寺碑林中立有一组乾隆帝阅贡院御制诗碑，因为碑文中一句"莫教冰鉴负初心"，被大家称为乾隆帝的"初心碑"。近年来，随着"不忘初心、牢记使命"主题教育活动的深入推进和人们对"初心"一词理解的不断深化，五塔寺碑林中的"初心碑"也成为知名度很高的网红打卡地。

收藏于北京石刻艺术博物馆的乾隆帝阅贡院御制诗碑

乾隆帝阅贡院御制诗碑上
的"初心"二字拓片

规制恢宏的御制诗碑

乾隆帝阅贡院御制诗碑位于五塔寺金刚宝座塔东侧碑廊内显著位置，由四方刻石组成，青白石质地，卧碑形式，均高216厘米，厚44厘米，四石宽99—104厘米不等。第四方刻石上碑文的末尾年款下方镌刻乾隆帝两方印鉴，上为阳文篆书"惟精惟一"，下为阴文篆书"乾隆宸翰"。此碑规制恢宏，材质精良，其上碑文立意深远、文辞俱佳，是乾隆帝现存众多御制碑中颇有代表性的一组。

乾隆九年（1744年）十月二十七日，正值盛年的乾隆帝参加翰林院重修竣工大典，在设宴款待大学士、翰

乾隆帝阅贡院御制诗碑上的两方
印鉴

129

林等官员后，又兴致勃勃地视察了被称为天下官员摇篮的贡院。这次深入贡院和翰林院实地调研，让乾隆帝切身感受到读书人科举考试应试的艰苦与艰难，倍感公平、公正选拔官员的重要和必要，之后挥毫题写了四首七言律诗。

首题"幸翰林院，赐大学士及翰林等宴，因便阅贡院，乃知云路鹏程，诚不易易也，得诗四首"，说明了写诗的缘由。诗意前后连贯，文法严谨，用典精准，颂扬清廉为官，鼓励士人求学上进。诗中既有对读书人"泪烛残"的理解，也有莫"负初心"的叮嘱，还有对"国士"重视，对"四海"清明的期望；尾诗末句"寄语至公堂里客，莫教冰鉴负初心"，是全碑文最为精彩之处，堪称全诗的"题眼"和神来之笔。诗文书体圆润飘逸，气势豪放劲健，兼具赵孟頫、董其昌之长，是现存乾隆帝行书中的上乘之作。

乾隆帝阅贡院御制诗碑拓片

此诗一经写就，礼部立即下令"各省试院皆恭摹上石"，誊刻石碑之上，竖立于全国各省贡院，以此激励士人珍惜名节，精进学业，砥砺奋进，忠君报国。

此组乾隆帝御制诗碑最初立于顺天贡院内（今建国门立交桥西北角）。1905 年，清廷批准了袁世凯等六位督抚联衔会奏的《请立停科举推广学校折》，废除科举制度，成立学部统一管理全国教育，中国历史上延续了一千三百多年的科举制度至此走向了终结。随着科考贡院的废弃，院中的这组御制诗碑也被移到了学部所在地（今西城区教育街）。1982 年，北京市文物工作队将此组珍贵石刻迁移保护起来，1986 年调拨至北京石刻艺术博物馆。这组乾隆帝御制诗碑目前保存较为完整者有北京贡院（现藏北京石刻艺术博物馆）、广西贡院（现藏广西师范大学王城校区）两处。

震惊朝野的"顺天科场案"

科举制度被誉为世界上最早的文官考试制度，这是中华民族对世界政治文明建设的一大贡献。周朝建立后，实行分封制，当时的选官制度为世卿世禄制。春秋战国时代尤其战国时期，军功授爵制成为各诸侯国普遍实行的选拔官员制度。两汉时期，朝廷选拔官员主要实行察举制。魏晋至南北朝三百多年间，长期实行九品中正制。科举制始于隋炀帝在大业元年（605 年）开设进士科，后历经唐、五代、宋、元、明、清各朝的发展，形成了较为完善的科举程式，成为我国封建社会选拔文官最重要的途径。明清时期科举制度发展到顶点，自清末戊戌变法后逐渐走向终结。

1644 年，关外新兴的满族政权趁明廷与农民军激战正酣之际，挥军入关，定鼎北京，成为中国历史上继蒙元政权后建立的最后一个大一统的少数民族政权。相较于中原先进的政治经济文化和社会制度，当时满族还处在由奴隶社会向封建社会转型时期，特别是满族人口仅有数十万，以这样少量人口统治数以亿计的汉族，是一个迫切需要政治智慧来解决的难题。为了笼络人心、稳固统治，从顺治帝至康熙帝、雍正帝、乾隆帝等都殚精竭虑对治国理政进行了深入思考和探索。

清朝统治者入关后，为笼络明朝遗臣、社会名流，曾在北京举行过两次博学鸿词科。当时多次参加反清复明运动但失败的黄宗羲、顾炎武等人虽坚持不肯与清廷合作，但眼看清朝统治已经稳固，反清复明已无可能，为后代子孙未来考虑，他们不再反对自己的门生子侄参加清廷组织的科举考试。康熙十八年（1679年），清朝举行第一次博学鸿词科，考取的五十人，多被授以翰林院属官之职，如侍读、侍讲、编修、检讨等，并入明史馆纂修《明史》，清初著名的朱彝尊、汪琬、潘耒、毛奇龄均在此列，可谓"天下英雄尽入彀中"。乾隆元年（1736年）又开博学鸿词科，各省推荐的一百七十六人，取十五人，次年于补试续到之人中又取四人。这对祖孙帝王充满政治智慧的举措，花费小、收益大，影响深远，意义重大，作用显著，有效收拢了人心，对稳固清初满族政权的统治发挥了积极作用。

乾隆帝是清朝的第六位皇帝，也是清廷定都北京后的第四位皇帝。他二十五岁登基，在位六十年，退位后当了三年太上皇，实际掌握最高权力长达六十三年，是中国历史上在位时间第二长、年寿较高的皇帝。乾隆九年（1744年），当时乾隆帝继位已经九年，社会总体安定，经济发展，国库充盈，国家四海升平，人民安居乐业。这一年是清朝的第三十九个科举年，也是清朝入关一百周年。

为了这次科举考试，涉及"四书"内容的三道题目为乾隆帝亲自出题，本希望借此次考试为国选才，但其后的结果却令乾隆帝大失所望。由于当时科场乱象横生，作弊之风屡禁不止，顺天乡试在现场检查中头场搜出携夹带者二十一人，交白卷者六十八人，答不完卷者三百二十九人，书写字体不符合规范以及文不对题者也有二百七十六人；二场又搜出携夹带者二十一人；因惧怕被查处，主动散去者竟至两千八百余人之多。在贡院门外，被抛弃在角落原本用以夹带的蝇头小卷不计其数，让这场清廷寄予厚望的科举考试成了一场闹剧。

顺天科场案让乾隆帝看到了乡试存在的种种弊端，在失望和愤怒之余，他下旨裁减各省定额，并称"国家设科取士，原欲遴选真才，以备任使""与其宽登选以启幸进之门，不如严俊造以收得人之实"。科举减额从乾隆十二年（1747 年）丁卯科开始，各省遵照执行。

在贡院由皇帝亲自进行的一次意味深长的政治提醒

翰林院自唐朝开始设立，用以安置具有文辞、经学、医卜、技艺者等以备皇帝召见，是非正式的职官。唐玄宗选任文学之士充任翰林待诏，后又改名为翰林学士。唐代著名的大诗人李白之所以被人称为"李学士"，实际上是因为他为翰林学士。宋代仍然以翰林院总领天文、书艺、图画、医官四局。明朝时丌始将修史、著作、图书等事务划归到翰林院的管辖范围，翰林院正式成为外朝官署。清朝时期编史、起草诏书、记录皇帝起居、讲经史等成为翰林院的主要职能。翰林院为明清时期官办的最高等级的学术机构、人才储

翰林院老照片

备机构和办事机构，这里聚集着一大批通过科举选拔出来的精英人才，如清末重臣林则徐、曾国藩、李鸿章都曾在翰林院任职。

贡院是科举考试的专用考场，又称贡士院，即开科取士的地方。贡院最早设立于唐朝，宋哲宗之后，礼部、各州皆建贡院作为考场，自此贡院普遍修建起来。明清时期的顺天贡院建于明永乐十三年（1415年），原系元代礼部衙门的旧址，在今北京建国门立交桥西北角。

清朝顺天贡院建筑布局严谨，气势宏大，是当时京城规模仅次于皇城的建筑群，也是具有一定行政职能的机构。贡院坐北朝南，有大门五楹，往里有二门五楹、龙门、明远楼、至公堂、内龙门、聚奎堂、会经堂、十八房等处。

鉴于翰林院和贡院的重要地位与作用，在乾隆九年（1744年）翰林院竣工大典之际，乾隆帝亲自参加，并顺便视察了贡院。在经

顺天贡院老照片

过一番实地考察后，他深感天下士人读书考试的辛苦和不易，又对科举制度选拔优秀人才以辅佐自己治国理政的重要性有了进一步的认识，希望科举考试能实现公平与择优的目标，进而实现朝廷"尊贤使能，俊杰在位"的目的。于是，乾隆帝诗兴大发，挥毫写下了四首七言律诗。诗中，他感叹"寸晷檐风实苦辛"，表示要"从今不薄读书人"，同时要求士子"佐我休明四海春"，提醒"寄语至公堂里客，莫教冰鉴负初心"。由此可见，这组律诗既有感同身受，又充满期待和希望，同时也不乏提醒和敲打，可谓用心良苦，意味深长。

乾隆帝御制诗体现了中华政治文化中一以贯之的"以民为本"思想

　　长期以来，相对于西方文明侧重于对人与自然、人与宗教关系的关注，以儒家思想为代表的中华文明更多地把重心放在了对人与人、人与社会关系的研究和探索上。从《尚书》提出"民惟邦本，本固邦宁"这一思想开始，民本思想就成了中华民族数千年来治国理政的核心理念，也是中国政治文化的底色，源远流长，影响深远。

　　中国儒家思想的核心观点是"仁"，要求统治者怀仁心、修仁德、施仁义、行仁政。孔子明确提出了"古之为政，爱人为大""大道之行，天下为公"等一系列政治主张。亚圣孟子更进一步提出了"民为贵，社稷次之，君为轻"，振聋发聩，难能可贵。唐初名臣魏徵在劝谏唐太宗时引《荀子》语，以舟喻君，以水喻民，说"水可载舟，亦能覆舟"。唐宋变革，宋代士大夫与君主共治天下，以范仲淹为代表的一大批知识分子政治家，更是在思想和实践两个层面把民本思想提高到一个新高度，从范仲淹的"先天下之忧而忧，后天下之乐而乐"，到张载的"横渠四句"，再到朱熹的"新民"思想，表达了宋代知识分子强烈的政治责任感和使命感。明清两代中国君主专制统治空前强化，人们的权力空间被极大压缩，但依旧出现了王阳明的"亲民"思想，顾炎武的"厚民生，强国势"主张。

　　乾隆帝的先辈如顺治帝、康熙帝、雍正帝，他们的一个共同的特点就是始终怀有深深的忧虑感、巨大的责任感和强烈的进取心。在清初长达近一百二十年的时间里，几代帝王励精图治，兢兢业业，康熙帝借褒奖一代廉臣于成龙激励大小官员，雍正帝十余年如一日宵衣旰食，勤于政事。乾隆九年（1744 年），乾隆帝借到翰林院和贡院视察之际，一口气写下四首御制诗，希望天下读书人牢记初心，忠君爱国。也正是这种持续接力，自我砥砺，终于成就了长达百年的康雍乾盛世。乾隆帝作"初心"御制诗的出发点，固然是维护清朝政治统治，但其中不乏提醒官员珍惜名节、爱护百姓的有益成分。

石刻上的清成亲王永瑆的瑰丽人生

方块汉字是中华民族对世界文化的一个重要贡献，以汉字为基础的书法艺术在东亚儒家文化圈有着长期而广泛的影响。书法是中国古代士人的一项基本技能，有清一代涌现了不少书法大家，而成亲王爱新觉罗·永瑆作为皇室帝胄，无疑是身尊位高的书法大家之一。永瑆在书法艺术方面的造诣很深，在当时和后世都享有很高的声誉，国内留下了他的大量书法作品和法帖刻石。

永瑆是乾隆帝第十一子，嘉庆帝的皇兄，道光帝的皇伯，三十七岁受封和硕成亲王，因其为人低调谦卑，擅长书法，独步当时，深受三代帝王的推崇。乾嘉易代之际，他较多地参与了当时的一些重大历史事件，受命在一些重要时刻和重大工程上留下了墨宝，他的这些作品既是重大历史事件的见证，也是留给后人弥足珍贵的艺术瑰宝。

书法家儿子为皇帝父亲书写陵墓碑刻

中国古代帝王陵墓作为皇家最重要的礼制建筑之一，代表了当时最高的营造技艺，通常规模巨大，营造等

乾隆帝第十一子成亲王爱新觉罗·永瑆画像

级极高。裕陵是清代入关后的第四位帝王清高宗弘历即乾隆帝的陵寝，它位于河北省遵化市西北 30 公里处的马兰峪，建筑规模宏大，布局完整，材料优良，工艺精湛。

裕陵始建于乾隆八年（1743 年），修建主体工程用了九年时间。

乾隆帝执政时期，经过康、雍两朝的长期积累，社会长期稳定，人口快速增长，国库充盈，帝国有财力、人力和意愿大建陵墓，因此建于乾隆极盛时期的裕陵是清代帝王陵墓中的集大成者。裕陵由圣德神功碑楼（俗称大碑楼）、五孔桥、石像生、牌楼门、神道碑亭、隆恩门、配殿、隆恩殿、方城、明楼、宝顶以及地宫等建筑组成，其建筑工艺、营造艺术在清代诸陵中堪称翘楚，精雕细琢中透出雍容大气，尽显皇家气度和威严。

裕陵圣德神功碑楼仿景陵圣德神功碑楼式样，楼内是高 6.64 米的两通石碑，分别用满汉镌刻碑文，东碑刻满文，西碑刻汉字。碑文由嘉庆帝敬述，对其父乾隆帝大加颂扬，称他"兼尧、舜、禹、

汤、文、武、孔子之勋德，帝王以来未有若斯之盛者也"，又称他
"四得无违，十全有奭，文谟武烈，丕显丕承"，把他的父亲说成
了十全十美的历史完人。值得一提的是，碑文汉字由成亲王永瑆书
写，书体典雅，笔致流丽，内容洋洋洒洒，至今保存完好，字迹清
晰，蕴含着丰富的历史文化信息。

内有永瑆书写碑文的裕陵圣德神功碑的裕陵大碑楼

　　历史上很多帝王不惜大兴土木修建陵寝，极尽奢华，他们都希
望载有自己"英名"和事迹的圣德神功碑传之后世、万古长存。每
座陵的圣德碑都由他的后世继承者建造，石碑上篆刻的主要内容就
是概述先帝的生平功绩。在讲究以孝治天下的封建时代，帝国对陵
寝碑刻非常重视，一定会延请当世公认的书法大家撰写。永瑆与翁
方纲、刘墉、铁保并称为清代四大书法家，是清中期皇室书法的集
大成者。礼亲王昭梿在《啸亭杂录》中谓成亲王永瑆"名重一时。
士大夫得片纸只字，重若珍宝"。乾隆帝裕陵圣德神功碑由儿子嘉
庆帝敬述，成亲王永瑆书写碑文汉字，既符合孝道，也所用得人。

洪亮吉大案后于诒晋斋中刻写法帖

　　嘉庆四年（1799 年）正月初三，太上皇乾隆帝驾崩。为了稳固帝位，嘉庆帝紧急做了一系列重大人事任命，命成亲王永瑆、前任大学士署刑部尚书董诰、兵部尚书庆桂在军机处行走。嘉庆帝起用董诰、帝师王杰以及宗室王公淳颖、永瑆等人，快刀斩乱麻，出其不意地在国丧期间抓捕并诛杀了和珅。籍没和珅家产时，嘉庆帝还将其园第赐给永瑆以示恩宠。

　　在目睹了乾隆末年权臣当道、言路堵塞的高压统治，嘉庆帝对乾隆末年的时弊痛心疾首，力图革新，执政伊始决定"诏求直言，广开言路"。受新皇虚心纳谏、励精图治姿态的鼓舞，时任上书房行走并与大学士朱圭一起编修《高宗实录》的洪亮吉热血澎湃，上书直陈时弊，言辞激烈恳切，对刚刚亲政的嘉庆帝进行劝诫。洪亮吉指出乾隆帝晚年以来盛行的"权私蒙蔽""赏罚则仍不严明"等腐败官场习气，矛头直指大行皇帝和新帝。被触了逆鳞的嘉庆帝勃然变色，盛怒之下忘记了自己的承诺，下令将洪亮吉降职并发配到伊犁谪戍，次年传谕伊犁将军将其放回原籍。这次洪亮吉上书事件，不仅洪亮吉本人被治罪遭贬斥，当时担任军机大臣的成亲王永瑆也受到牵连被惩处。嘉庆四年（1799 年）十月上谕："自设军机处，无诸王行走，因军务较繁，暂令永瑆入直，究与国家定制未符，罢军机处行走。"据《清史稿》记载："（嘉庆四年）八月，编修洪亮吉上书永瑆讥切朝政，永瑆上闻，上治亮吉罪。"这就是著名的"洪亮吉大案"。

　　洪亮吉当时的上书奏稿有两份，一份是写给时任军机大臣成亲王本人的，另一份是请他代为进呈给嘉庆帝的。我们推测，嘉庆帝治罪洪亮吉的根本缘由可能并非其言辞不当，而可能是他在向皇帝上书的同时，又向成亲王私自呈送书札，犯了不辨主次的僭越之罪，也就是我们常说的"分不清大小王"。清朝在入关前，多采用八旗贝勒共治，太宗皇太极在位时以高明的政治手腕不动声色地削夺了一些旗主贝勒的权力，虽然这在一定程度上加强了皇权，但他死后又出现了多尔衮专权的局面。顺治帝、康熙帝做了一系列努力，至雍正、乾隆时期，皇权一家独大的局面已经十分稳固。雍正帝为了应对西北用兵的需要新设军机处，这一临时性机构后来取代了内阁和六部成为真正的权力中枢。清代宗室不入军机处是一条不成文的规定，在乾嘉迭代的特殊时期，永瑆被赋予实权并任军机大臣，这是自雍正朝之后在亲王中没有的政治待遇。当政局逐渐稳定，嘉庆帝有鉴于前朝藩王权重尾大不掉的历史教训，开始寻找借口削夺亲王权力。

自古无情最是帝王家，永瑆以皇兄之尊兼军机大臣的显贵身份，

嘉庆九年（1804年）奉旨摹勒的《诒晋斋帖》局部

让即使庙号为仁宗、为人厚道的嘉庆帝也对此颇为忌惮。为了防患于未然，寻找合适时机将永瑆"拿掉"势在必行，不得不为。而此时恰巧发生了洪亮吉上书一事，嘉庆帝借题发挥，顺势褫夺了永瑆执政大臣的权力。至此，永瑆短暂的政治生涯宣告结束，以后基本上不再参与朝政，仅根据圣意从事科举监考等事宜。

身为"乾隆三大家"之一的赵翼在《题遗山诗》中有一句名言："诗人不幸诗家幸，赋到沧桑句便工。"这句诗适用于历史上在政治上失意而在个人爱好方面取得巨大

成就的人，当然也一样适用于免官后专注于书法和著述的成亲王永瑆。赋闲在家的永瑆把主要时间放到个人的兴趣爱好上，从此醉心书斋，书法技艺日渐精进。嘉庆九年（1804 年），嘉庆帝下旨将永瑆的五卷《诒晋斋书》摹勒上石。根据时年上谕中记载："朕兄成亲王自幼精专书法，深得古人用笔之意，博涉诸家，兼工各体，数十年来临池无间，近日朝臣文士之工书者，罕出其右。"《诒晋斋书》共五卷，首卷为永瑆书御制文四种，后四卷以临古为主，共十九种。此刻为当时长沙陈伯玉、元和袁治刻，因摹勒出自名手，且永瑆的书法亦摹古功深，因此此刻颇为可观，嘉庆帝特赐名《诒晋斋帖》，颁赏给臣工。之后永瑆又相继刻写多卷法帖：《寿石斋

北京石刻艺术博物馆藏《诒晋斋帖》刻石

故宫博物院藏永瑆七言联

藏帖》四卷、《诒晋斋巾箱帖》十六卷、《诒晋斋巾箱续帖》四卷、
《话雨楼法书》八卷、《快霁楼法帖》四卷，以及《抢冲斋石刻》
之后二卷。目前北京石刻艺术博物馆收藏的一百四十方成亲王永瑆
《诒晋斋帖》刻石，是该馆备受瞩目的重要镇馆之宝之一。

跨越千年的西晋陆机《平复帖》

　　《平复帖》为西晋著名文学家、书法家陆机写给好友的回信，
是传世年代最早的名家法帖，也是历史上流传有序的法帖墨迹，素
有"法帖之祖"美誉，为中国九大"镇国之宝"之一。该帖自唐末
以来，递藏有序，北宋时曾入徽宗宣和内府。

　　乾隆四十二年（1777 年），这一年乾隆皇帝的生母孝圣宪皇
后钮祜禄氏逝世，她将原陈设在寿康宫的《平复帖》作为"遗赐"
赏给自己的皇孙永瑆，永瑆时年二十五岁。永瑆在《纪书》中对此
事做了记载："《平复》真书北宋传，元常以后右军前。慈宁宫殿
春秋阅，拜手擎归丁酉年。丁酉夏，上颁，孝圣宪皇后遗赐臣永瑆
得晋《平复帖》墨迹。"嘉庆朝协办大学士兼翰林院掌院学士、书
法家英和记载："成哲亲王为孝圣宪皇后所钟爱，升遐之际，颁遗
念，得陆机《平复帖》，王宝之。此诒晋斋所由名也。"《平复帖》
到了成亲王府后，永瑆因此名其书斋为"诒晋斋"，别号"诒晋斋
主人"，并曾作七律、七绝各一首，均载《诒晋斋记》中。

　　永瑆将《平复帖》传给了曾孙载治，后归恭亲王奕䜣，后又传
至奕䜣之孙、末代恭亲王溥伟的手中。辛亥革命推翻了清室，溥伟
逃往青岛，《平复帖》就留给了他在京的两个弟弟。1937 年年底

西晋陆机《平复帖》拓片

至 1938 年年初溥儒等因为母治丧，需要筹集款项，经傅增湘斡旋，将《平复帖》以四万元售给张伯驹先生。1956 年 1 月，张伯驹、潘素伉俪将《平复帖》这件稀世珍宝和其他文物一起捐献给了国家，此帖现藏于北京故宫博物院。此事在古今收藏史上都堪称一段传奇。

半截残碑隐藏的多尔衮的浮沉人生

北京石刻艺术博物馆收藏有大量的北京地区有代表性的、种类多样的石碑，著名的有隆福寺碑、普胜寺碑、广宁门外石道碑、傅恒宗祠碑等，这些石碑多为丰碑伟制，气魄宏大。让人感到奇怪的是，综合碑刻区中展出的一方半截残碑，其碑额与碑身几乎同宽、等高，没有碑座，显得又矮又胖，造型颇为怪异。这通半截残碑处在这些明清重要石碑中间，非常突兀，很不合群，尤为引人注目。

此碑为青白石质地，碑额为方形，背景遍布云纹，正面雕刻三条行龙，正中的龙首之上为一椭圆形天宫，龙尾穿天宫而过，天宫处篆写"公祝洪恩永垂万年"，两侧各有一条行龙向正中汇聚。碑侧高浮雕一条行龙，碑身阴阳两面边框饰线刻卷草纹。走近细看，

雪后的北京石刻艺术博物馆综合碑刻区　宗人府颁恩碑碑额

可见碑身上半部残缺，与碑首是拼接起来的。仔细辨认，发现碑首、碑阳均镌刻满汉两种文字，依稀能够看出有"皇帝""睿亲王""六十年""宗人府"等字样。碑阴界格内镌刻人物姓名，满文居左，汉文居右。

　　按照传统礼制，凡御制碑均可雕刻龙纹饰样，据此可以推测这通碑可能与当时一位身份显赫高贵的"大人物"密切相关，或许其中还隐藏着一段不为人知的故事。带着重重疑问，我们开启了对这通残碑的探索之旅。

政坛"过山车"上的多尔衮

　　经过请教石刻文物专家，才知道这方残碑原立于清宗人府内，当年在天安门广场毛主席纪念堂工地出土时为半截残碑，碑额与碑身断裂，后经修复并迁移至北京石刻艺术博物馆保存。乾隆皇帝晚年决定为睿亲王多尔衮平反昭雪，当时宗人府根据圣意立了这通颁恩碑，以表达对多尔衮为清朝政权定鼎中原稳固统治所做的巨大贡献的肯定与褒奖。

多尔衮为清太祖努尔哈赤第十四子，被封为和硕睿亲王，曾统领正白旗，清初杰出的政治家、军事家，对清朝入主关内、统一中国发挥了关键作用，曾经受封摄政王，是清朝入关初期的实际统治者，也是清史中一位极富传奇性和戏剧性的重要人物。1644 年是中国历史上非常关键的一年，这一年，扫荡大半个中国的李自成农民军攻破北京，建立大顺政权。同年，崇祯帝吊死煤山，历经十二世、十六帝，立国二百七十六年的大明王朝覆亡。此前一年，关外新兴的政权的第二任皇帝清太宗皇太极突然病故，在这波谲云诡、急剧变化的重要历史关头，雄才大略的多尔衮力排众议，招降镇守山海关的明将吴三桂，果断率领八旗大军入关，在山海关一片石击败李自成大军，定鼎北京。而后，又联合汉族地主阶级先后消灭大顺、大西、南明等残余势力，统一中国，清朝成为中国两千多年封建帝制中的最后一个大一统王朝。

这样一个重要历史人物，生前大权独揽，乾纲独断，死后极尽哀荣，风光大葬，但旋即又被削籍夺爵、逐出宗室，并被扒坟掘墓，身败名裂，如此反差强烈的前后对比，令人唏嘘不已。清朝入关之初，顺治帝年幼，实权掌握在摄政王多尔衮手里，而多尔衮性格刚毅强势，与小皇帝多有冲突，特别是他缢杀肃亲王豪格和与顺治帝生母孝庄太后的种种传闻，都让小皇帝耿耿于怀，怀恨于心，这也为他后来的悲剧埋下祸根。

多尔衮酷好放鹰围猎，顺治七年（1650 年）他到古北口外行猎，在狩猎时坠马导致膝盖重伤，随后出现咯血症状，最终不治身亡，享年三十九岁。待多尔衮的灵柩回京时，顺治皇帝亲自率诸王贝勒、文武百官，出东直门外恭迎、奠祭，后又追尊多尔衮为"懋德修道广业定功安民立政诚敬义皇帝"，庙号成宗，以帝礼安葬在北京东直门外（今东直门外新中街三条 3 号附近）。次年年初，再度下诏将多尔衮元妃尊"义皇后"同附庙享，因多尔衮无子，所以将豫亲王的儿子多尔博过继给他，让多尔博袭封睿亲王。

多尔衮薨逝后不足两个月，因当时满洲贵族集团内部明争暗斗，波谲云诡，很快就遭到了清算。对多尔衮素来不满的顺治皇帝下诏夺去他的和硕睿亲王封号，撤其庙享，罢其爵位，没收其生前财产，令继子归宗，之后又开除其皇族宗室身份，下令毁坏抔土未干的多尔衮园寝。曾为明南宫的睿亲王府同时被废。多尔衮的亲信多人先后被处死，或被贬革，他的同母兄弟——为清室统一大业做出卓越殊绩的阿济格被赐死、多铎遭贬革。

旧案昭雪"立碑"定论

乾隆三十八年（1773 年），高宗下诏对多尔衮进行重新评价，诏书说："今其后嗣废绝，茔域榛芜，殊堪悯恻。交内务府派员缮葺，并令近支王公以时祭扫。"乾隆四十三年（1778 年）正月，朝廷谕旨恢复多尔衮的宗室身份，复入玉牒，复还睿亲王封号，赐谥为"忠"，称为"和硕睿忠亲王"，配享太庙，照亲王园寝制度，修葺茔墓，令太常寺春秋致祭，重建工府。因为多尔衮无子嗣，过去顺治帝曾将豫亲王多铎之子多尔博承继为嗣，多尔衮被削爵后，多尔博回归原宗，乾隆帝下诏仍令多尔博五世孙淳颖承继多尔衮的香火，重新承袭其爵位，并"世袭罔替"，成为清代因军功世袭原封爵位的"八大铁帽子王"之一。乾隆帝并令国史馆，恭照《实录》记载，添补《宗室王公功绩传》中"和硕睿亲王多尔衮传"。

接下来，乾隆皇帝又对另外几处历史遗留问题进行了重新评估和处理。多尔衮的同母弟豫亲王多铎被追复封爵，将代善、济尔哈朗、豪格、岳托四王后人的封爵名称恢复原号，令四王配享太庙。此外，将雍正年间获罪被削除谱牒、更名、圈禁的康熙皇帝第八子允禩、第九子允禟恢复原名，收入玉牒，其子孙也一体叙入，承认了他们的宗室地位。乾隆皇帝还为革除宗籍的阿济格子孙复还黄带子，列入宗谱。此谕下达后，宗人府、军机大臣即行议奏复睿亲王等爵号事。对昭雪多尔衮，复其爵、复其宗，以及对清初诸王复号、配享太庙等事，悉遵乾隆帝谕旨办理。

明清时期的宗人府是管理皇家宗室事务的机构，其职责类似于九卿中的宗正，掌管皇帝九族的宗族名册，按时编纂玉牒，记录宗室子女嫡庶、名字、封爵、生死时间、婚嫁、谥号、安葬的事。多尔衮被平反后，宗人府在乾隆六十年（1795年）刻石立碑，碑文比较详细地记载了多尔衮从顺治朝被开除皇族宗室，到乾隆朝又恢复皇族宗亲的原委及其是非功过。

至此，历时一百多年的多尔衮"谋逆案"终于得到了彻底的平反昭雪，这也为多尔衮波谲云诡、波澜壮阔的一生画上了一个句号。

立于乾隆六十年（1795年）的宗人府颁恩碑

残碑背后的理政之策

自公元前 221 年秦王嬴政统一六国、建立秦朝、始称皇帝，到 1911 年末代皇帝溥仪退位，封建帝制在中国传承了两千一百多年，这中间有四百多位皇帝。清朝作为最后一个完成中国大一统的由少数民族建立的政权，在它的十二位帝王中，无昏君、暴君，特别是清初的几位帝王，都是励精图治、大有作为的明君，较之秦皇汉武、唐宗宋祖等优秀的帝王并不逊色。其中康熙、雍正、乾隆三朝还开创了长达一百三十四年的康雍乾盛世，这也是中国历史上最后一个封建王朝的盛世。但令人奇怪的是，顺治、康熙、雍正三朝，在明知对多尔衮的处理有失公允的情况下，居然长期未予纠正。直至乾隆帝统治中后期才旧事重提，由最高领导人下旨对多尔衮冤案彻查并给予平反昭雪。

带着这些疑问，笔者多方查找资料，请教方家，但众说纷纭。经过梳理思考，个人认为可能有以下几点原因。顺治帝成年前承受多尔衮的长期压制，甚至是欺凌侮辱，对他的这位强势皇叔怨念较深，在多尔衮身后事的处置上存在情绪化倾向。康熙帝虽然雄才大略，气度恢宏，但与其父一样，幼年登基的康熙帝也曾经长期生活在权臣鳌拜的阴影下，对顺治帝的做法感同身受，对同为权臣的多尔衮和鳌拜的擅权、霸道十分痛恨，对未来可能再次出现权臣的提防和警惕贯穿其统治始终，比如可以从他对两位权相明珠和索额图的严厉处置可见一斑。雍正帝留给后人的印象多是刻薄寡恩、苛刻严厉，同时他的上位也经历了比较残酷和激烈的政治斗争，而隆科多、年羹尧等人恃宠而骄、自取灭亡的现实案例更让他不敢掉以轻心，加之他的统治仅有十余年的时间，推测其既无心也无比较宽裕的时间去对多尔衮一案再做处理。乾隆皇帝就不一样了，他继位比较平稳，又幸运地接过了父祖留下的好底子并发扬光大，加之个人能力强，精力旺盛，在位期间国力达到鼎盛，实际统治长达六十三年，是中国历史上少有的文治武功都十分杰出的帝王，也是一位十分幸运、幸福的皇帝，他曾自诩为"十全老人"，虽颇为自得，但大体也符合实情。

乾隆帝对祖父康熙帝擒鳌拜、平"三藩"、收复台湾、打击噶尔丹和沙俄的丰功伟绩十分钦佩和仰慕，一直视为自己的人生楷模和帝王的榜样。他在位期间也有过消灭准噶尔汗国、击退廓尔喀入侵西藏、击败缅甸等重大军事行动和编修《四库全书》等文化工程，展现出了卓越的政治智慧和高明的帝王权术，统治基础日渐稳固。在文治武功远迈前代帝王的同时，乾隆帝的威望和自信也日益增强，开始考虑对一些历史遗留问题进行重新评估，为多尔衮平反昭雪也列入议事日程。

乾隆四十三年（1778 年），清廷从大局出发，对为清初开国开疆拓土、建立功勋的宗室诸王，采取"推恩"政策，为多尔衮旧案纠错，为宗室诸王复号，对明清易代之际的明朝叛臣降将如洪承畴、祖大寿等人进行重新评价，将之列入《贰臣传》，以及对被崇祯帝冤杀的明将袁崇焕的案件进行解密和重新评价等，这一系列举措可谓用心良苦，发人深思。

命运多舛的家族墓地

历史上权臣的结局不外乎有以下几种：皇帝被废或被杀，王朝继续存续，如司马师废魏帝曹芳，立高贵乡公曹髦为帝；皇帝被废，建立新朝，如魏晋之际的嬗代，南朝宋、齐、梁、陈改朝换代，皆是如此；权臣被诛杀，如东汉外戚大将军梁冀、凉州豪强董卓和北周权臣宇文护等，皆死于非命；权臣死后被清算，如明万历年间的首辅张居正等；权臣死后继续被肯定和褒奖，如商汤大臣伊尹，西汉昭帝、宣帝时的大将军霍光，蜀汉丞相诸葛亮等。

睿亲王多尔衮因为在清初太祖、太宗所封的九大"和硕贝勒"（亦称"和硕额真""固山贝勒""旗主贝勒"）中排在第九位，人称"九王"，所以多尔衮墓又被称为"九王坟"，在今东直门外新中街附近。多尔衮生前位极人臣，势同帝王；死后大起大落，余波不断，"太后下嫁"的传说更为他的人生蒙上一层神秘色彩。多尔衮死后先是被以帝王之礼下葬，庙号成宗，后旋即被顺治帝清算整肃，其陵墓也被毁。一百多年后，清朝第六位皇帝乾隆帝为其盖棺论定，多尔衮墓才得以重修。原以为多尔衮能够就此安稳地长眠于九泉之下，未承想，仅仅过了一百五十三年，多尔衮墓又遭盗掘，且为家族后人所为，一时轰动京城，众说纷纭。1931 年 2 月 7 日，多尔衮的后人中铨盗掘祖坟并与外人平分墓中珍宝。据报载，同年 4 月 7 日，中铨等案犯被大兴县公署押解至法院，中铨被判处有期徒刑七年。1954 年，因大规模城市建设的需要，残存的多尔衮墓地被彻底铲平。20 世纪 70 年代末，宗人府颁恩碑在天安门广场毛主席纪念堂工地出土。

此人若不死 平『三藩』极可能会变为平『四藩』

苏东坡有一名句"月有阴晴圆缺，人有悲欢离合，此事古难全"，这个中国历史上全才型文人才子因人生际遇大起大落而生的感慨，其实可以套用到很多历史人物身上。身处明清易代之际的清初四大汉族异姓藩王之一的定南王孔有德，就是一个人生跌宕起伏、生前身后毁誉参半的历史人物。

在北京石刻艺术博物馆金刚宝座塔东侧综合碑刻区中，有一通清代敕赐墓碑颇为传奇。此碑高约5米，螭首龟趺，原立在北京西城区阜成门外北营房（原孔王府），为清顺治年间的定南王孔有德墓碑。1633年明将孔有德降后金；1636年受封恭顺王，屡次率部攻打明朝；1649年受封定南王。清顺治九年（1652年）他在桂林与明军对阵中兵败自杀，后朝

北京石刻艺术博物馆综合碑刻区　　清顺治年间的定南王孔有德墓碑龟趺

廷破格予以厚葬，谥"武壮"，建祠立碑，褒扬忠烈。二百多年后，该碑"重见天日"，被同乡高纪毅再次竖立并加刻后记。

清初四大汉族异姓藩王中的"另类"

康熙初年，有平"三藩之乱"，其实孔有德如果不是早死的话，极有可能就会造成"四藩之乱"。孔有德与吴三桂、耿仲明、尚可喜同为明朝降将，他们为清军打败李自成、张献忠农民军和南明残余政权立下大功，帮助清廷定鼎北京、入主中原，因此受封王爵，成为清初四大汉族藩王，地位尊崇备至，站在了人生的巅峰。孔有德原为明朝平辽将军毛文龙旗下小官，毛文龙被袁崇焕诛杀后，孔有德等人带着大批军士和当时后金急需又严重匮乏的战船、火炮等军用物资来投，极大地增强了后金的军事实力，又给皇太极等清朝勋贵入关与明廷争夺天下打了一剂强心针。孔有德也被一再委以重任，因功从"恭顺王"到"平南大将军"再到"定南王"。

作为崛起于东北的少数民族政权，清廷在心理上被汉人十分排斥，同时它入关后的易服剃发、圈地、逃人法等恶政，激起了百姓的反抗。在这个过程中，李自成、张献忠的部属与南明的抗清武装实现了团结和解，共同反抗清军。顺治六年（1649年），为镇压农民军和南明军队，清廷封孔有德为定南王，命其统兵征讨广西，次年十二月，孔有德率军攻克桂林，并受命驻藩于此。李定国是张献忠的义子之一，也是当时抵抗清军力量中最为优秀的军事将领之一，曾经多次打败清军。特别是在顺治九年（1652年）的"桂林之战"中，逼得定南王孔有德手刃爱姬，闭门自焚；在同年的"衡阳之战"中，斩杀清朝宗室敬谨亲王尼堪，史称"李定国桂林、衡阳之战，两蹶名王，天下震动。此万历戊午以来全盛天下所不能有"。此战以后，清朝与南明在湖南形成了对峙局面。

孔有德战败选择自焚而死，既保全了自己一生的英名，又维护了清廷的颜面，从这个意义上来讲，清廷对孔氏后人大肆褒奖也在情理之中。孔有德一家除女儿孔四贞因"外出省亲"躲过桂林围城，其余一百二十余口，悉数被南明军屠杀。其子孔廷训被李定国俘获，一年后也被杀害。

顺治十一年（1654年）六月初三，孔四贞奉其父的遗骸还京，清廷组织了隆重的郊迎和守朝仪式——"命三品以上大臣郊迎，四五品京官临丧次一昼夜"，令工部拨给墓地，将孔有德葬于京师，造坟立碑，追发孔有德十一年份的俸银一万两千两。此后朝廷又为孔有德建定南武壮王祠，以二妃陪祀，春秋致祭。

清朝唯一的汉族公主

孔有德自尽时，家人中只有女儿孔四贞躲过了杀身之祸，清廷以"定南武壮王孔有德建功颇多，以身殉难，特赐其女食禄，视和硕格格"，破例由孝庄太后抚养，恩宠有加，孔四贞也因此成为清朝二百余年中唯一的汉族公主。北京1号线地铁有"公主坟"站，大家以讹传讹误认为此"公主坟"就是孔四贞的墓地，其实这是个误解。按照清朝祖制，公主下嫁死后不得入皇陵，也不能进公婆家墓地，必须另建坟茔，因此北京郊区有很多公主坟。嘉庆皇帝有两个女儿被分别封为庄敬和硕公主和庄静固伦公主，遗憾的是这两位公主同年而亡，前后仅隔两个月，所以被埋葬在一处。"公主坟"的"公主"指的就是嘉庆皇帝的这两位苦命公主，而孔四贞墓则是在阜成门外北营房西侧的孔王坟（即孔有德墓地），现为外交学院所在地，目前已无任何地面痕迹。

孔四贞之所以被朝廷礼遇有加，主要是因为在当时西南数省地区明清双方军队的对峙和激战还在进行，一方面这是对孔有德自杀殉国、报效朝廷的表彰和肯定，另一方面也是为了激励清军官兵士气，安抚定南王藩标军队。由于孔有德与尚可喜、耿仲明同为毛文龙旧将，三家为世交，孔四贞又是吴三桂的养女，因此孔四贞不仅是孔家军的一个招牌，也是维系清廷与吴、孔、尚、耿四大汉族异姓藩王关系一个无可替代的重要纽带。对孔四贞予以异乎寻常的礼遇和优待，体现了孝庄太后和顺治帝深远的政治眼光和高明的政治谋略与手腕。

由于与南明的战事尚在进行，孔四贞这块政治招牌对清廷还有用处，因此在孔四贞与丈夫孙延龄成婚后，朝廷破例"封四贞为和硕格格，掌定南王事，遥制广西军"。康熙五年（1666 年），孔四贞"面奏家口众多，费用浩繁，欲就食广西"，于是康熙帝封孙延龄为广西将军，孔四贞为一品夫人，到广西驻守。孔四贞到广西驻防之前，"定藩"的军队是由当年救出孔四贞的孔有德旧部线国安统领，孔四贞在北京遥控。康熙五年（1666 年），改由驻防将军孙延龄掌管"定藩"。

康熙十二年（1673 年），年轻的康熙帝贸然削藩，逼反了驻防云贵的平西王吴三桂，而后平南王尚可喜、靖南王耿精忠也陆续参加了叛军，战火迅速扩及南方很多地区。吴三桂为了增强叛军力量，极力拉拢孙延龄加入叛军队伍，政治目光短浅、软弱摇摆的孙延龄不顾孔四贞的坚决反对，在名义上参加了"三藩"叛乱。其间，孔四贞多次对孙延龄进行规劝，孙也有所醒悟，因此孙延龄对吴三桂要求"定藩"军队北上作战时，均被他以部众不从为由拒绝。其间，康熙帝也对孙延龄进行了争取，当孙犹豫不决时，孔四贞果断带领军队归顺清中央政府。康熙十六年（1677 年）十月，吴三桂探知孙延龄要反降的消息后，派吴世琮诱杀了孙延龄，孔四贞也被带到云南。"三藩之乱"平定后，鉴于孙延龄的动摇和变节行为，清廷对孔有德一系进行了多次清算，先是撤销"定藩"，将该部官兵眷属分批调往京城。后来，孔四贞回到北京，在默默无闻中度过余生。

因《贰臣传》被打入另册

清朝前期为削弱对手、壮大自己，清廷优待降将，不吝封赏，给的职位大多按原衔录用或者从优议叙。经过了顺治朝、康熙朝、雍正朝三代帝王的统治，到了乾隆时期，清朝入关已近百年，政治统治基础已经非常巩固。随着政权的稳固，满汉民族矛盾逐渐缓和，明朝残存旧势力被肃清，清朝统治者对降清汉将的态度也发生了变化。乾隆帝为了进一步巩固统治，缓和民族矛盾，诱导臣民忠君爱国，对明清鼎革之际的一些历史人物进行了重新评价。朝廷在大力表彰于明末清初之际降清后对清朝做出贡献的明朝官员的同时，下令编纂《钦定国史贰臣表传》即《贰臣传》。

乾隆帝以忠君为标准，在上谕中把降清的明朝官员均称为"贰臣"。乾隆帝指出这些人"遭际时艰，不能为其主临危授命"，从封建道德出发来看，实在是"大节有亏"。朝廷认为，这些"贰臣"尽管为清朝的建立和巩固做出了一些贡献，他们的子孙有很多还在清朝做官，身在高位者不在少数，因此，朝廷对这些"贰臣"也并非一竿子打死，《贰臣传》开宗明义说："所以致有二姓之臣者，非其臣之过，皆其君之过也"，这就把责任主要归结到了明朝那些不争气、昏庸无能的末代帝王身上。乾隆帝要求对"贰臣"们区分对待，将降清后对清朝赤胆忠心、建有大功者，编入甲编；将那些对明清都不能尽忠的降官，列入乙编。乾隆帝的这种做法非常高明，根据贡献、表现区别对待，既坚持了忠君的标准，又减少了"贰臣"后人的抵触情绪，比较稳妥地处理了这一棘手的历史遗留问题。

在这次修史中，孔有德被列入《贰臣传》甲编。一直以来，孔有德都以孔子后裔自居，但他降清这一事实是无论如何也洗刷不清的，在士人和百姓看来这就是德行有亏。因此，不少人认为孔有德自称孔子后裔是对圣人的玷污，也是对儒家宣扬的忠君爱国思想的嘲讽和背叛。《孔子世家谱》并没有将孔有德收入其中，孔氏族人也在孔有德试图拜谒孔庙时故意关闭大门禁止他进入，并对他冒称孔子后裔的行径进行了呵斥和指责。

两百年后老乡帮助鸣不平

马芷庠在 1936 年出版的《北平旅行指南》中记载："孔王坟在阜成门外里许，下关铁道北。有牌楼高丈余，峙立田亩间，石阶数级，中建丰碑，北有享殿七楹，败瓦残椽，四壁颓然，此即清初煊赫一时之定南武壮忠烈王之园寝（定南武壮王祠）也。"

世事如棋局局新。进入民国之后，一个偶然的机会，原为奉天警务处长的高纪毅在北平西郊的阜丰农园发现了孔有德墓碑。高纪毅是张学良在大帅府"老虎厅"枪杀杨宇霆、常荫槐二人命令的实际执行者，并妥善处理了善后事宜。后来他担任东北交通委员会副委员长兼北宁铁路局局长。东北沦陷后，高纪毅与张学良同进退，来到北平，后去职经营阜丰农园。1935 年冬，在清理农园田地准备种葡萄时，高纪毅发现了辗转变动后埋藏在地下多年的一通墓碑，仔细识读后，确认是清初定南王孔有德墓碑。

高纪毅与孔有德同为辽东人，对孔有德一生跌宕起伏的命运十分感慨，对他的遭遇深感不公。不平则鸣，出于为同乡正名的考虑，高纪毅作文一篇，并镌刻于碑阴之上。高文主要叙述了发现石碑的过程："年远事湮，墓荒碑没，寝为废园，二百年间，不知几易主矣""地归阜丰农园，辟畦起土，将大举种葡萄，忽于丘南现碑角，主者以为异，督工深治，而全石毕呈，质地完好，摩挲读之，赫然孔王敕碑也。有德固辽东人，值事者高纪毅与有乡谊，慨其刚风大节，不直于史官，因斥金百余，为之重树丘前，以彰其迹"。高纪毅表达了对自己乡人孔有德遭遇的同情，他认为"孔有德在《清史》列《贰臣传》，此苛论，非定评也"。

与孔有德一样，高纪毅也是一个颇有争议的历史人物。他曾受命枪杀奉系中公认最有才干的杨宇霆、常荫槐，此举被认为是张学良自断臂膀、自剪羽翼的败笔，是一个彻头彻尾的昏着儿。而高纪毅本人就是这一争议行动的实际执行者，受此事牵累名声受损。卢沟桥事变爆发后不久平津陷落，高纪毅被日本宪兵逮捕，遭受严刑拷打，逼其在伪政权中任职。高纪毅颇具民族大义和气节，始终未屈服于日伪，后获释放。在新中国成立前夕，高纪毅经宁武介绍与中共地下党组织取得联系，地下党组织请高纪毅去做驻防平津地区的傅作义将军的工作，为北平和平解放、保护古都做出了一定贡献。

一块坊额见证康熙时期『佟半朝』的恩宠之盛

在前些年央视热播电视剧《雍正王朝》中，有两个分别在康熙朝和雍正朝举足轻重的人物，他们就是佟国维与隆科多。剧中错把隆科多当作佟国维的侄子，实际上隆科多是佟国维的第三子。

佟国维祖上是辽东佟佳氏，属于顺治、康熙时期首屈一指的世家望族，人才辈出，家族鼎盛。佟佳氏一族中，既有为清朝的创立和巩固立下赫赫战功的佟养正、佟图赖、佟国纲祖孙三代，又有文武兼备、权倾一时的佟国维、隆科多父子。佟佳氏一门对清初时局的演进发展产生了举足轻重的影响，其家族命运也与清王朝的兴衰存续紧密相连，可谓一门显贵、世代阀阅，以至于康熙朝有"佟半朝"之誉。佟佳氏曾与清朝皇族数次联姻，出过皇后、贵妃、额驸等。

佟佳氏家族中，又以佟国维的身份最为特殊和尊贵，他的姐姐是康熙帝生母孝康章皇后，一个女儿是抚养了幼年雍正帝的康熙帝孝懿仁皇后，另一个女儿被康熙帝册封为皇贵妃。康熙二十一年（1682年），佟国维任领侍卫内大臣、议政大臣，是当时佟佳氏家族中居官最高者。他既是皇亲国戚，兼具国丈、国舅的双重身份，又是当朝一品，可谓红极一时。

风流总被雨打风吹去，没有不亡的王朝，也没有真正长盛不衰、永不谢幕的世家。有"佟半朝"美誉的辽东佟佳氏这一昔日显赫一时的权贵门阀，也随着清王朝的覆灭消失在了历史深处。如今唯有从北京石刻艺术博物馆收藏的佟佳氏墓地石牌坊坊额上，还能依稀找寻到这个清朝世族曾经的些许荣耀与辉煌。

《天咫偶闻》所载佟佳氏之墓地

清末学者震钧所著《天咫偶闻》，是一部记述北京历史掌故的作品，该书对于史事纪实、典章变革、地方掌故、名人旧居和贵戚逸事等均有所叙述。书中记载："佟佳坟在（朝阳门外东岳庙）石道之北，大学士佟图赖暨二子国纲、国维墓。石坊华表胥刻世宗赐额、赐联。过者瞻仰宸章，兼兴故家乔木之思，往往徘徊不能去焉。"

佟国维（？—1719年），马察（今吉林省白山市）人，清朝大臣、外戚。顺治年间，授一等侍卫。康熙九年（1670年），授内大臣。康熙二十一年（1682年），授领侍卫内大臣、议政大臣。康熙二十八年（1689年），推孝懿仁皇后恩，晋封一等公。康熙四十三年（1704年），因老致仕。佟国维曾先后两次随康熙帝征伐噶尔丹，并建立功勋。康熙四十七年（1708年），康熙帝一废太子后，要求群臣推选新太子，佟国维积极推举八阿哥胤禩，后受到康熙帝责斥。这也是电视剧《雍正王朝》中的重要情节。

佟国维家世显赫：其父佟图赖又名佟盛年，是康熙帝的外祖父；他的姐姐是顺治帝孝康章皇后，即康熙帝的生母；他的两个女儿分别是康熙帝的孝懿仁皇后、悫惠皇贵妃；其长兄佟国纲，康熙十六年（1677年）袭爵一等公；康熙二十八年（1689年）与索额图一起同沙俄订立《中俄尼布楚条约》；康熙二十九年（1690年），随裕亲王福全征讨噶尔丹，在乌兰布通之战中被枪炮击中，战死沙场；其第三子隆科多在康熙年间任理藩院尚书兼步军统领，在雍正朝任吏部尚书加太保衔。

佟府旧址在今北京东城区灯市口东头，现为北京第一六六中学，佟府所在胡同后改称同福夹道。

怀柔博物馆藏佟国维衣冠冢出土的青花将军罐（供图：刘雷）

康熙朝有三大重臣，指的是明珠、索额图和佟国维。三人深受康熙帝器重，他们不仅都出身显贵的上三旗（正黄旗、镶黄旗和正白旗），且均为皇亲国戚，在康熙朝位高权重，显赫一时。然而，三人的结局却大相径庭，明珠因朋党之罪被罢黜，好歹保全了性命。索额图因参与废太子谋反一案被康熙帝斥为"诚本朝第一罪人也"，后被圈禁宗人府活活饿死，几个儿子也获罪被杀。佟国维早期在"九子夺嫡"中保持中立，辞官归家，后来又因支持皇八子胤禩受到康熙帝猜忌，宠信渐衰，但得以善终，且在他去世后雍正帝于1723年追赠他为太傅，谥"端纯"，并御笔亲书"仁孝勤恪"榜，命人表于墓道。

相对于明珠和索额图二位权相的飞扬跋扈，佟国维显得老谋深算，他深知"不能把鸡蛋放在同一个篮子里"的道理，在政治上不走极端，分投下注。当初他自己选择支持皇八子胤禩，同时又让儿子隆科多押宝皇四子胤禛。后来胤禛在夺嫡斗争中胜出，是为雍正帝。在电视剧《雍正王朝》中，也有佟国维让隆科多押宝皇四子胤禛的情节。不过，剧中的隆科多被改编成了佟国维的侄子。

石牌坊上镌刻康熙帝御笔

从相关文献记载和留存的老照片中可以看出，佟佳氏墓地原有石牌坊、华表、墓碑等陵墓石刻。从清末到民国，社会长期动乱不休，很多历史文物毁于战火或变乱。佟佳氏家族墓地原有的石牌坊、华表、墓碑等墓地建筑损毁严重，目前所见仅有石牌坊构件尚存。

石牌坊是我国古代建筑中特有的建筑类型，明清时期石牌坊的数量大增，成为街市、商行、寺庙、苑囿、陵墓及纪念地前的必备之物。从老照片中可以看出，

佟佳氏墓地的石牌坊老照片（供图：韩立恒）

收藏于北京石刻艺术博物馆的佟佳氏墓地石牌坊坊额

坊额上镌刻"康熙御笔之宝"印章

原佟佳氏家族墓地石牌坊立于石座之上，造型凝重古朴，柱根间镶嵌地栿一根，柱身下段南北向使用夹杆石夹固，额枋上部置日、月板，柱头上端雕出蹲狮。两柱上部依次安置小额枋、花板、大额枋和平板枋。

佟佳氏家族墓地石牌坊坊额，为白色大理石质地，宽342厘米，高57厘米，厚30厘米。石额两面上部居中处均钤"康熙御笔之宝"印。两侧纵向平雕缠枝纹界栏。阳面榜书大字"仁善谨恪"，左侧竖刻"赐原领侍卫内大臣一等公舅舅臣佟国维"，右侧竖刻"康熙四十一年岁次壬午五月二十五日"；阴面书"宿德壶范"，左侧竖刻"赐原领侍卫内大臣一等公舅舅臣佟国维妻一品夫人何奢礼氏"，右侧竖刻"康熙五十二年岁次癸巳八月初九日"，分别是对佟国维及其夫人何奢礼氏品行的旌表赞美。此石额原立于佟佳氏墓地，后藏于首都博物馆。1987年9月18日，经北京文物研究所移交，该石额被北京石刻艺术博物馆收藏。

"康熙御笔之宝"是清代康熙帝玄烨御书钤用诸玺之一，玉质，方形，篆文，按印文内容属年号玺。康熙帝八岁登基，十四岁亲政，在位六十一年，是中国历史上在位时间较长的皇帝，开创了康雍乾

坊额阳面镌刻康熙帝御笔"仁善谨恪"拓片

坊额阴面镌刻康熙帝御笔"宿德壶范"拓片

盛世的局面。康熙帝一生酷爱书法，初爱王羲之，后尊董其昌。康熙帝曾自称"政事稍暇，颇好书射"，又说"朕自幼好临池，每日写千余字，从无间断。凡古名人之墨迹石刻，无不细心临摹，积今三十余年，实亦性之所好"。康熙帝的书法造诣很深，一生摹写和颁赐臣下的书法作品有很多，还会通过御书碑文、匾额以及赐予手卷等方式表彰忠臣、奖掖廉吏。他曾为忠贞不屈、被"三藩"所害的范承谟、马雄镇书写碑文，并为福州范承谟祠书"忠贞炳日"匾额。

康熙帝曾与佟国维君臣和谐相得，在佟国维六十寿辰时赐诗，诗曰："领袖高门称退让，英华雅望冠椒房。谦和不恃勋臣贵，谨恪能承宠眷长。鹤算天增筹国老，松年仙授养生方。齐眉共享团圆庆，特赐流霞捧寿觞。"诗文温情脉脉、感人至深，从诗中可见康熙帝对其慰勉褒奖、寄予厚望。

佟佳氏家族墓地石牌坊石额，既有康熙帝的亲笔题字，又有"康熙御笔之宝"的加盖，足显皇帝对佟国维恩宠有加，这从侧面说明了该石额的独一无二和弥足珍贵。

青史有名

昆明湖畔的元代贤相耶律楚材祠

元代废门下省，在至大年间将尚书省并入中书省，这使得权力过分集中，造成了权相较多的局面，著名的权相有世祖忽必烈朝的阿合马、顺帝妥懽帖睦尔朝的伯颜等，他们经常能够左右朝廷决策，甚至影响皇帝的废立。作为一个存续百余年的大一统王朝，元代也涌现了一些德才兼备的名相，如顺帝时期的脱脱，名气更大的则是元初太宗窝阔台时期的贤相耶律楚材。清朝是另一个由少数民族建立的封建王朝，从康熙帝开始，到雍正帝、乾隆帝，再到后来的光绪帝，几代人在西山营建另一个中央办公区即著名的"三山五园"。在修建清漪园（今颐和园）时，耶律楚材家族墓被发现，乾隆帝为褒彰这位元代贤相的功德，下令在原址恢复墓地原貌，并建祠立碑纪事。

光绪帝时，重修祠堂、墓室。新中国成立后，耶律楚材家族墓得到了较好的保护。

金元易代时期乱世的"保护神"

耶律楚材是元代重臣、贤相，著名的政治家、思想家，为辽太祖耶律阿保机九世孙。他出生于金章宗明昌元年（1190年），当时的金国在蒙古大军的频繁打击下，风雨飘摇，亡国在即。耶律楚材出生时，他的父亲耶律履已近六十岁。由于是暮年得子，耶律履格外兴奋，且耶律履精通术数，尤其深研《太玄》，他私下里对亲近的人说："此子吾家千里驹也，他日必成伟器，且当为异国用。"因此取《左传》中"楚虽有材，晋实用之"之意，给儿子取名"楚材"，字"晋卿"。后来果如其父所言，这个孩子不负亲人的期望，成为元朝的肱骨重臣和彪炳史册的历史名臣。

1214年金宣宗南渡，丞相完颜承晖留守中都燕京，耶律楚材以左右司员外郎的身份同样留守燕京，次年燕京被蒙古军攻陷，于是耶律楚材归顺蒙古帝国。元太祖成吉思汗有统一天下的志向，于是征召辽朝宗室近亲。受成吉思汗的征召，耶律楚材辞别燕京来到漠北，受到大汗的器重和喜爱。1215年他便随成吉思汗率蒙古大军征战疆场。从此，耶律楚材开始辅佐元太祖、元太宗处理朝政达三十余年。他以"致主泽民"为平生志愿，忠于职守，大展治国宏图，帮助元主制定一系列有效政策，草创各种规章制度，保护中原的农业经济和先进文化，维护国家统一，为元代中央集权制度的创立和巩固奠定了基础，诚如明朝沈德符所言"大有造于中国，功德塞天地"。

　　按照蒙古帝国旧有的制度，凡是攻打城池时，以石头或是弓箭来反抗的都被视为拒绝归顺者，城池攻破后一定要屠城。在金都汴梁沦陷前夕，大将苏布特向元太宗报告："金人抗拒了很长时间，我军死伤很多，汴梁攻克之日应该屠城。"耶律楚材急忙上奏："将士们在外征战几十年，想要的不过是土地和人民。得到了土地却没有了人民，又有什么用呢？"又说："能工巧匠、富裕人家都集中在此地，如果将之全部杀死，我们将会一无所有。"太宗觉得他的意见是对的就接受了，下令攻破汴梁城后只杀金朝上层统治者，留下了城中一百多万人的性命。这是他保护百姓免受屠戮众多功德中的一例。

　　耶律楚材在政治上主张中央集权，反对裂土分封。针对中原地区各州县长官兼领军、民、钱、谷等事务的情况，他提出军民分治的主张，使"长吏专理民事，万户府总军政，课税所掌钱谷，各不相统摄"。因为他的高瞻远瞩，元帝国牢牢掌控了蒙古高原和中原汉地，而金帐汗国、察合台汗国、伊尔汗国、窝阔台汗国实质上则独立了出去。

　　耶律楚材还对经济政策进行了整顿。太宗听从他的建议成立了十路课税所，自此中原各地开始向中央缴纳赋税，使得先前"仓廪府库无斗粟尺帛"的窘状开始扭转。在太宗窝阔台平定中原后，有近臣对他说："即使得到汉人后，他们对于我朝也没有什么用处，不如将汉人全部赶走，

耶律楚材祠中的耶律楚材塑像

这样可以把他们的土地全部空出来做牧场。"耶律楚材坚决反对蒙古贵族提出的将大量肥沃良田变为牧场的荒谬提议，并制止了这一做法，保护了中原农民的利益，有利于经济的恢复和发展。

耶律楚材清醒地认识到文化特别是儒家文化对国家稳固统治的重要性。他向太宗进言"天下虽得之马上，不可以马上治"，并说"制器者必用良工，守成者必用儒臣"。耶律楚材提出了"创学校，设科举，拔隐逸，访遗老，举贤良，求方正"等措施，保护文化遗产，传播中原文化，恢复科举制度，介绍和推举儒士文臣参与国家治理等。1236 年，他奏请在燕京设立编修所，在平阳设立经籍所，编辑经史文献，使大量文献得以保存。元军在南下时往往把俘获的民众作为奴隶驱使，连一些读书人也不能幸免。耶律楚材一方面通过检括户口，以扩大国家的财赋收入为由，将这些民户重新编户入籍，使之摆脱当奴隶的命运；另一方面还从被俘且为奴者中搜寻儒士并令之参加科举，并取消了部分儒士的奴隶身份。在他的建议下，元于 1237 年恢复科举考试，以经义、词赋、论三科取士，"儒人被俘为奴者，亦令就试，其主逆弗遣者死，得士凡四千三十人，免为奴者四之一"。

乃马真后三年（1244 年），耶律楚材逝世于蒙古高原，享年五十五岁。当时临朝称制的太宗皇后乃马真遵照他的遗愿，将其遗体运回他的故里燕京，安葬在他生前眷恋的玉泉山下的瓮山泊（今昆明湖）之滨，并建庙立像。由于耶律楚材为人正直廉洁，且其谋略过人、政绩昭著，在朝廷内外颇得人心，因此在他去世后，很多人前去涕泣相吊。当时有人诬陷他，"言其在相位日久，天下贡赋，半入其家"。乃马真皇后派人前去察看，仅见"琴阮十余，及古今书画、金石、遗文数千卷"。这表明耶律楚材不仅是能臣，更是廉吏。

后来，忽必烈为耶律楚材重修陵墓，隆重悼念这位开国元老。元明宗至顺元年（1330年），赠经国议制寅亮佐运功臣、太师、上柱国，追封广宁王，谥"文正"。《元史》编撰者之一宋濂在《国朝名臣序颂》中说："惟楚有材，晋实用之。达人先知，曰千里驹。堂堂中书，执政之枢。相我太宗，拓开鸿基。拱立龙庭，上陈帝谟。"

明君对前代贤相跨时空的褒彰

在中国古代，孔孟之道是主导思想，"忠臣孝子人人敬，奸臣逆子人人恨"。任何一位思维和精神正常的统治者都希望江山永固，国祚绵长，都会大力宣传褒奖忠孝节义与行善止恶的人和事。乾隆帝作为在位于清代国力鼎盛时期的一位帝王，文采斐然，武德充沛。他自诩"十全老人"，曾作《御制十全记》叙述他的十全武功。除昧于大势、专制独裁、晚年放纵贪腐等缺点外，在中国历代四百多位皇帝中，乾隆帝在统治时期所取得的功绩总体上排名靠前。为维护统治，乾隆帝采取了不少顺民意、得人心的举措，如为受皇太极"反间计"陷害而被冤杀的明将袁崇焕平反、重新评价多尔衮的历史功绩、将洪承畴等降臣列入《贰臣传》等，这些都是十分聪明、高明的政治举措。而为五百多年前的元代贤相耶律楚材立碑建祠，也体现了乾隆帝一贯的政治主张和思想。

耶律楚材家族墓修建在瓮山东南，即今日颐和园内耶律楚材祠及其子耶律铸墓所在地。《天府广记》中载有王崇简一诗，王崇简在诗序中言"康熙戊申二月二十七日，策马重经，断垄渐平，耕者及其址，石像仅存下体，余皆荡然。三十余年来，问之土人，鲜知

面阔三间坐北朝南的祠堂

耶律楚材家族墓中的
乾隆帝御制碑

为公墓者"。1750 年在建造清漪园时，工匠在瓮山之阳挖地基时
发现了埋藏此处的耶律楚材的棺木等。乾隆帝得知墓地颓圮衰败的
情形，决定为这位前代贤臣名相修葺托体长眠之所，以彰功德，树
立标杆和榜样。这次整修耶律楚材家族墓，新建了祠堂，竖立一通
御制碑。光绪帝长大后，为让垂帘听政的慈禧顺利"归政"，不惜
花巨资在清漪园的旧址重建并修葺颐和园作为太后养老之地。同时，
又对昆明湖畔的耶律楚材墓进行了维修。

　　由于从清末至新中国成立这段时间国家多难，包括耶律楚材墓
在内的许多珍贵古迹遭受
破坏。目前，原址三间北
房里有一个几米高的土红
色巨冢，是耶律楚材及其
夫人的合葬墓。面阔三间
坐北朝南的祠堂中有彩塑
耶律楚材的坐像，祠堂匾
额上有乾隆帝亲书的"元

内有耶律楚材及其夫人的土红色坟冢的北房

枢宰化"四个大字。祠堂前面是一通螭首龟趺的御制碑，碑阳镌刻乾隆帝的《题耶律楚材墓》，碑阴是刑部尚书汪由敦撰写的《元臣耶律楚材墓碑记》。祠堂左前方亭子中是一尊石翁仲。

从"简版"石翁仲说古人的薄葬

耶律楚材家族墓中的乾隆帝御制碑通高 3.1 米，虽为常见的螭首龟趺样式，但体量较小，甚至连海墁石也是素面的青石，没有雕刻任何纹饰。而仅存的一尊文官石翁仲茕茕孑立，显得十分单薄，甚至简单、寒酸。常见的石翁仲多是"三维立体式"——翁仲的手臂、冠带、笏板、武器甚至服装配饰都会雕得十分生动鲜活，而耶律楚材墓的这尊翁仲却把手臂、笏板与身体整合到一起，就像一幅二维平面画一样，既迥异于其他朝代的惯常翁仲样式，也不同于其他的元代翁仲。如此简化处理，很有一种糊弄人、凑合事儿的感觉。笔者猜测原因可能有二：或财力不济，不得已偷工减料；或受所用石材限制，工匠亦有"巧妇难为无米之炊"之憾。

古人一向有"视死如生"的观念，主张厚葬，认为这是"孝"的一种体现。视天下为一家之私产的帝王们不但生前穷奢极欲，死后也希望长享富贵，因此不惜耗费巨资建造自己的陵墓。

风格奇特的"简版"元代石翁仲

如著名的秦始皇陵、汉唐帝陵和明清皇陵都极尽奢华。"青史几行名姓，北邙无数荒丘"，威风赫赫的帝王们也管不了身后事，由于随葬了大量珍宝，往往引起盗墓者的觊觎和盗掘。特别是在改朝换代之际，无数帝陵被盗掘，陵中尸体被毁坏甚至凌辱，汉末赤眉军发掘汉高祖皇后吕雉的陵墓，以及民国军阀孙殿英盗掘清东陵慈禧太后墓，就是性质十分恶劣的极端案例。

因此，许多头脑清醒的帝王都提倡薄葬。汉末三国时期除继承了两汉丧葬制度中的挽歌送葬、持节护丧、设吉凶卤簿等内容外，还有一个显著的特点是薄葬，主要表现为短丧、不封不树、明器减少等。这一时期著名的实行薄葬的君王是魏武帝曹操，这可以从前些年在河南安阳曹操高陵中的出土文物得到印证。历史上另一位著名的实行薄葬的帝王是五代后周太祖郭威。郭威生前节俭，称帝后采取轻徭薄赋、与民休息的政策，是乱世中难得的一位好皇帝，可惜仅在位三年就去世了。郭威鉴于唐代十八陵因厚葬之风而被盗掘的教训，临终前嘱咐嗣君柴荣："陵寝不须用石柱，费人功，只以砖代之，用瓦棺纸衣……勿修下宫，不要守陵宫人，亦不得用石人石兽……若违此言，阴灵不相助。"

南宋『状元丞相』文天祥的《正气歌》

　　"天地有正气，杂然赋流形。下则为河岳，上则为日星。于人曰浩然，沛乎塞苍冥……"穿行在北京石刻艺术博物馆的碑林中，忽然听到不远处传来一阵琅琅读书声。循声走进金石走廊，原来是一群中学生在志愿者老师的带领下，正齐声吟诵《正气歌》，让人感受到少年特有的朝气蓬勃，这是中华优秀传统文化对人们心灵的滋润和哺育。

　　笔者仔细欣赏嵌于走廊墙壁上的《敬和堂帖》刻石，再对照《正气歌》原诗查阅时，突然发现刻帖中缺了"或为辽东帽，清操厉冰雪"一联，是刻石佚失所致，还是出于别的什么原因呢？

　　文天祥是南宋末年著名的政治家、文学家，极具气节的爱国诗人，他与陆秀夫、张世杰并称为"宋

志愿者带领同学们诵读《正气歌》　　　夕阳中的北京石刻艺术博物馆金石走廊

末三杰"。这首震古烁今、流传千古的《正气歌》是文天祥的绝世名篇，是中国历史上可与诸葛亮的《出师表》、岳飞的《满江红》等齐名的不朽诗文，也是文学史上难得一见的名篇佳作。

　　文天祥的这首《正气歌》是在什么时候、由何人摹刻成石，又在何时收藏在北京石刻艺术博物馆里的呢？带着这些疑问，笔者开始了一番探索与搜寻。

宋之祥瑞，初露峥嵘

　　南宋宝祐四年（1256 年），文天祥参加了宋理宗朝丙辰科集英殿殿试，他的《御试策》切中时弊，提出了切实可行的改革方案，表述了忠君爱国的政治抱负，主考官王应麟盛谓其"古谊若龟鉴，忠肝如铁石"，理宗帝览阅其策、见其名时也赞叹说"此天之祥，乃宋之瑞也"，钦点文天祥为一甲第一名，即人们常说的状元，当时他年仅二十岁。文天祥原名云孙，待他长大友人称其字为"天祥"，后来他以其字"天祥"为名参加乡贡考试，而原本其字也改为"履善"，此后便以"天祥"为名。文天祥应试前就读的白鹭洲书院，由南宋丞相江万里任江西吉州知州时创办，在1256年这届科举考试中吉州籍学子有三十九人同登进士及第，占当年进士全榜的九分之一。宋理宗为此亲笔御书"白鹭洲书院"匾额，赐给白鹭洲书院以示褒扬。至此，白鹭洲书院声名大噪，与庐山白鹿洞书院、铅山鹅湖书院并称江西三大书院。

南宋立国仅一百五十二年，其中有近三分之一的时间都是在与北方蒙古族建立的蒙元政权对峙并存。五代十国是中国历史上继春秋战国和魏晋南北朝之后的又一个大分裂时期，也是一个战乱频仍、民族融合的重要时期。从五代十国到忽必烈率军攻灭南宋，期间长达三百七十多年。元朝是中国历史上第一个由少数民族蒙古族建立的大一统王朝，从至元八年（1271年）忽必烈定国号为元时算起，到1368年徐达指挥的明军攻破北京，元朝国祚仅九十七年。

文天祥所处的年代正值处于内忧外患、国势飘摇的南宋末年。像狂飙突进一样崛起于北方草原的蒙古政权，以迅雷不及掩耳之势，先后攻灭了中亚强国花剌子模、西辽，中东阿拉伯帝国，东亚的金和西夏。成吉思汗四子拖雷家族的蒙哥在蒙古汗国汗位的争夺中击败了窝阔台家族，在稳定了内部后，蒙古大军挥师南下，拉开了攻宋、灭宋的序幕。1259年，蒙哥在合州（今重庆合川）、其弟忽必烈在鄂州（今湖北武汉市武昌），分东西两路与南宋军队展开拉锯战。当时蒙古大军来势汹汹，南宋军民人心惶惶，宋理宗的贴身内侍宦官董宋臣游说皇帝避战迁都，朝中一片混乱，整个宋室处于风雨飘摇之中。

文天祥在中举后不久，他的父亲就去世了，因此他并未立即出仕为官，而是在家丁忧守制。当董宋臣游说皇帝避战迁都时，文天祥已入仕任宁海军节度判官，秉承着以天下为己任的责任感，文天祥没有忘记和放弃对国家、民族和人民的责任，他上书皇帝"乞斩（董）宋臣，以一人心"。文天祥的建议虽未获准，但已见其胆识和志向。文天祥出仕后不久，因为持不同政见得罪了当时的权相贾似道，而贾似道是南宋历史上与秦桧、韩侂胄、史弥远齐名的四大奸臣。文天祥在任官期间多次被责斥，因此他援引宋真宗朝大臣钱若水的旧例请求致仕，这一年文天祥才三十七岁。

毁家纾难，国之干城

咸淳九年（1273 年），坚守襄阳五年之久的守将吕文焕苦等救兵不至，于弹尽粮绝之际投降了元朝，并为元军策划攻打鄂州，自请为先锋，南宋政权已经到了生死存亡的紧要关头。德祐元年（1275 年）正月，所向披靡的蒙古铁骑在丞相伯颜的率领下挥戈南下，兵锋直指南宋都城临安北关，权臣贾似道率兵仓促迎战，却在鲁港（今安徽芜湖西南）被击溃，节节败退，南宋军队最后一点精锐力量损失殆尽。当时小皇帝宋恭帝年仅五岁，无力理政，执政的谢太后发布诏书，要求各地起兵勤王。文天祥得知诏书内容后聚集各路英雄，招募了一支万人的队伍，而且他为了国家大义毁家纾难，"尽以家赀为军费"。朝廷得知他召集人马一事后，任命他为江西提刑安抚使，同年八月文天祥应诏起兵到临安保卫王室，正所谓"疾风知劲草，板荡识诚臣"。

德祐二年（1276 年）春南宋投降，朝廷任命文天祥为右丞相兼枢密使，全权负责与元军主帅伯颜的求和事宜。文天祥与左丞相吴坚等人一起到元军大营议和，他在元营与元相伯颜争辩不屈，致使伯颜怒而将其扣留押解北上。被押解行至镇江时，文天祥设法逃出，历尽艰险后到达真州（今江苏辖内），再从海路南下到温州。

德祐二年（1276年）陈宜中和张世杰拥立赵昰在福州称帝，改元景炎，是为宋端宗。文天祥再次被任命为右丞相。时年七月，文天祥率兵在江西御敌，后因势孤力薄辗转被迫退守广东，至元十五年（1278年）十二月在广东五坡岭（今广东海丰县）战败被俘。被俘后元将张弘范让文天祥写信去招降张世杰，文天祥坚定地拒绝了并作诗《过零丁洋》来表明心迹。

至元十六年（1279年），元将张弘范、李恒进军厓山（今广东新会南），宋军战败，左丞相陆秀夫背着八岁的末帝赵昺投海殉国，数十万军民不愿降敌，也都投海而死，南宋覆亡。待厓山被攻破南宋彻底灭亡后，元廷设宴犒劳大军，这时张弘范劝文天祥改出仕元廷，被其严词拒绝。

文天祥被押至元大都后，先安置于会同馆（非馆驿）受优待，后转囚兵马司土牢，在牢中作《正气歌》。元廷对其劝降分三阶段：初期派张弘范等降臣，中期遣宋恭帝及皇室成员，后期由元世祖通过王积翁等重臣传旨，其间甚至借其亲人实施情感胁迫。至元十九

《敬和堂帖》刻石中《正气歌》之拓片

年（1282年），因有南方起义者欲劫狱救文天祥，元廷最终于同年十二月初九在柴市对其实施处决，文天祥慷慨赴死。

以上这些劝降事件和经过，并非出自南宋遗民或后代汉人的史书笔记，而大多出自元朝宰相、蒙古人脱脱所著正史《宋史》。文天祥曾经的幕僚王炎午在《又望祭文丞相文》中评价文天祥："名相烈士，合为一传，三千年间，人不两见！"其评价言简意赅，概括精当，堪称盖棺论定。

名家荟萃，终成名帖

宋代以后，刻帖的风气开始盛行。刻帖是将书法作品摹刻在石板或木板上，以便拓印流传，也称之为法帖。拓成黑底白字的拓片，可直接装订成册，放置案头以供翻阅欣赏。刻帖是书法作品的一种复制方式，只刻某一家书法的称为单帖，汇集了多家书法作品的称为丛帖。明清时期，社会经济的发展繁荣和文化的普及繁盛，带动了刻帖之风勃然复兴，这一时期的刻帖在数量和种类上都远超前代。

明清时期的私家刻帖从内容和体例上大致可分为三类。第一类是重刻、翻刻前代的著名法帖，第二类是以某收藏家的藏品为基础汇编成丛帖，第三类是专门搜集某位著名书家的作品汇刻成帖。许多著名的书法家也利用自身的影响力和号召力，搜罗历代书迹汇编成法帖，一方面作为教材，同时也在社会上出售。如明代文徵明的《停云馆帖》、董其昌的《戏鸿堂帖》、邢侗的《来禽馆帖》、清代铁保的《人帖》等，这些书法家在当时名声响亮，造诣精深，由他们选编的法帖也具有很大的权威性和影响力，流传甚广。

李鹤年，为道光二十五年（1845年）进士，曾任河南巡抚兼河东河道总督。光绪元年（1875年）调任河东河道总督，兼署河南巡抚，主持治理黄河水患，并撰《朱仙镇新河记碑》记录河道变迁。光绪十年（1884年）因黄河决口被贬，后释归。宣统初年追复原职。其治河功绩为民众称道，河南民间曾建庙祭祀。《敬和堂帖》是其于同治十年（1871年）精选所藏真迹摹刻成石的。刻石长60厘米，宽30厘米。此帖共分八卷，共有帖石一百五十七方，前七卷分别收有明代书法家文徵明、董其昌、祝允明、王铎四位大家墨迹，第八卷收有清成亲王永瑆、铁保、梁同书等人的作品。《敬和堂帖》首卷是文徵明书写的《正气歌》。文徵明为文天祥同宗后人，所书《正气歌》气势磅礴，酣畅淋漓，是其传世书法的代表之作。

因为刻工的水平直接影响书法神采的表现，所以一些重要的碑刻一般由名匠完成。《敬和堂帖》的钩摹、镌刻聘请的是当时有"铁笔"之称的名匠黄履中，他如神地表现出书法大家的书迹风貌。名家、名帖、名臣、名工百年难遇地跨越历史时空的交汇，既书写了一段书法艺术的佳话，也给后人留下这份弥足珍贵的艺术作品。

清末名臣李鹤年所辑《敬和堂帖》之刻石

20 世纪 60 年代初期，时任国务院副总理的李先念同志住在国务院老干部修养所（今海淀区达园）。他发现散步路上的一块块青石板上好像刻有文字，而这些青石竟然是一部已有残损的法帖——《敬和堂帖》的残石。李老通知有关部门把这些石刻妥善保管，这组刻石先存放于海淀文管所，后被调拨至北京石刻艺术博物馆。

明末北京『悟空师父碑』背后的人生际遇

　　神魔小说《西游记》被誉为中国古典"四大名著"之一，它创造了许多脍炙人口的艺术形象。特别是它的主人公神猴孙悟空这一形象不仅历来为人们所喜爱，也是艺术创作的重要主题，如20世纪60年代的动画片《大闹天宫》、20世纪80年代的电视剧《西游记》、由香港演员周星驰等人主演的电影《大话西游》，以及爆火的国产游戏《黑神话：悟空》，其中都有孙悟空的身影，这些作品掀起了一轮又一轮的传统文化热潮。孙悟空的巨大知名度也让他的师父须菩提祖师变得格外神秘莫测。在北京丰台区大井村万佛延寿寺，有一通敕建护国万佛延寿寺永远传代香火碑，碑阴线刻一幅僧人模样的老者画像，其神态宁静安详，似在传经说法，又似在参透禅机，亦佛亦道，妙意横生。"貌古形疏倚杖藜，分明画出须菩提"，画像右侧题记指为"须菩提像"，因此这通碑被大家戏称为"悟空师父碑"。

该碑立于明崇祯十三年（1640年）四月，为青白石质地，螭首方座，通高4.28米，碑身边框线刻十条惟妙惟肖的龙纹，碑文记载了明代崇祯年间护国万佛延寿寺的修缮情况，碑阴线刻须菩提祖师画像。石碑原立于丰台区大井村万佛延寿寺，现藏北京石刻艺术博物馆。

敕建护国万佛延寿寺永远传代香火碑

碑阴线刻须菩提祖师画像及题记拓片

石碑上的须菩提画像

在原始佛教中，佛陀释迦牟尼是真实存在的历史人物，其姓名为乔达摩·悉达多，出生于古印度迦毗罗卫城（今印度、尼泊尔边境地区），大约生活在公元前6世纪至公元前5世纪，与中国的老子、孔子和西方的苏格拉底、柏拉图等人为同一时代。释迦牟尼是佛教徒对他的尊称，意为释迦族的圣人或觉悟者。同样，佛陀座下的十大弟子之一的须菩提也是真实存在的历史人物，他是古印度拘萨罗国舍卫城人，属于婆罗门种姓，以"无诤行者"著称，因其能深入理解"诸法性空"，被誉为"解空第一"。在佛教后来的发展演变中，须菩提被逐步神化。在大乘佛教阶段，他是具有飞腾虚空等神通的罗汉。在密教时期，他有时是具有极大神通的金刚，有时又与菩萨并列，并在密教曼荼罗中占有一席之地。

大乘佛教注重谈"空"的观念，须菩提在汉传佛教中享有巨大声誉，特别是通过《金刚经》在中国影响广泛而深刻。经过汉末至宋初持续近千年的翻译佛经工作，佛教对中国人的精神文化生活产生了巨大的影响，成为中国文化的一部分。比如从印度传入的地狱观念、茹素风气、民间中元节等风俗，阿弥陀佛、弥勒佛、观音菩萨、阎王、须菩提等名字变得家喻户晓，成为一般民众崇拜和祈求保佑的对象。

小说家吴承恩受佛教思想的启发，用他的天才想象力创作了中国古代神魔小说的巅峰之作《西游记》。吴承恩为神通广大的孙猴子特意安排了一位神龙见首不见尾的授业恩师，这就是"与天同寿庄严体，历劫明心大法师"，亦佛亦道的方外人士须菩提祖师。美猴王欲摆脱轮回、逃避生死，乘筏浮于海，寻找长生之道，历经近十年，从东胜神洲的花果山经南赡部洲，最后到达西牛贺洲，终于在"灵台方寸山，斜月三星洞"拜须菩提祖师为师。祖师给他起法名孙悟空，教给他七十二般变化和十万八千里的筋斗云等本领，这才有了他后来大闹天宫、西天取经、降妖除魔的精彩故事。俗话说，男儿有泪不轻弹，孙悟空这样一个天不怕地不怕、有着铮铮铁骨的齐天大圣，在被须菩提祖师逐出师门的时候，因与师父分别而伤心流泪，可见孙悟空对师父感情至深。

"千年科举第一榜"之榜眼李时亮

敕建护国万佛延寿寺永远传代香火碑为人们所熟知，除碑本身的缘故外，还因其上须菩提像的摹刻者李时亮的名气大而增光添彩。

李时亮，字端夫，北宋才子，政治家。史学界有一个形象的说法"北宋缺将，南宋缺相"，在灿若群星的北宋政坛中，文人出身的李时亮因为军功在史册中留下了记载。神宗熙宁八年（1075年），交趾（今越南）李朝集团趁北宋忙于应对北方的辽、西夏无暇南顾之机，对北宋南疆发动了大规模侵略战争，先后攻陷钦州、廉州、邕州，其中仅邕州一城就有五万八千余人被杀。在紧急关头，宋神宗赵顼调禁军南下讨敌，任命宣徽南院使郭逵为帅，率军抗击侵略者。李时亮临危受命于熙宁九年（1076年）出任廉州知州。李时亮曾经上奏平边十策和上疏时政得失，被宋神宗采纳，他官至"散骑常侍兼御史大夫"，御赐"金绯鱼袋，封开国伯"。他的四个儿子李念一、李念二、李念三、李念四，都在抗击交趾的战争中浴血奋战，一门忠义。

俗语有云"与凤凰同飞，必是俊鸟；与虎狼同行，必是猛兽"，李时亮之所以为人记起，除了他的赫赫战功外，还因其众多优秀"同学"而相互映照。李时亮在嘉祐二年（1057年）丁酉科中，高中殿试第一甲第二名，也就是俗称的"榜眼"。嘉祐二年（1057年）

这届科举考试从主考官到所中举进士，几乎囊括了那个时代最杰出的人才，他们在政治、军事、文学等方面做出的贡献对后世影响巨大，这一榜单堪称"神仙打架"，被誉为"千年科举第一榜"。

此榜以一代文宗欧阳修为主考官，王珪、梅挚、韩绛、范镇为副主考官，梅尧臣等人为点检试卷官。这些人中欧阳修、王珪、韩绛后为宰执；梅尧臣为宋诗开山之祖；范镇与欧阳修、宋祁共同修《新唐书》，中国史学界有"三范（范镇、范祖禹、范冲）修史"的佳话，以上诸人在《宋史》中都有传。

在这一榜三百八十八名进士中，后来官至宰执的有吕惠卿、苏辙、章惇、曾布、王韶、郑雍、梁焘、张璪、林希等人，汇集了北宋中后期历史舞台上的各类代表人物，对后世产生了巨大影响，甚至在很大程度上影响了北宋中后期的历史。如这一榜有"唐宋八大家"中的苏轼、苏辙、曾巩，"程朱理学"的先驱程颢、张载，王安石变法集团的核心人物吕惠卿、曾布等人。这一榜还创造了很多有趣的纪录，苏轼、苏辙兄弟同榜；章衡与章惇叔侄同榜；蔡元导、蔡承禧父子同榜。李时亮能够与这些影响和改变了中国历史的各类人才同榜，并荣登榜眼，既是他个人的幸运，也说明了他确有过人的才华。

李时亮曾任桂州录事参军、知廉州、知全州等，所任皆有政绩。李时亮不仅是一位功勋卓著的政治家，也是一位才华横溢的诗人和书法家。据敕建护国万佛延寿寺永远传代香火碑碑文题记记载，须菩提像原由南唐人工翰作于桂林全州卢山西林藏殿壁间，宋元丰二年（1079年）知州事李时亮镌刻石上，南宋淳熙十六年（1189年）僧人守诜重镌于湘山寺。

推动佛寺重修的万历帝生母李太后

明代诸帝后，除嘉靖帝崇尚道教、迷信长生之术外，其他多崇信佛教，突出的表现就是花费巨资广建寺院。明神宗万历皇帝朱翊钧十岁时即位，在万历十年（1582 年）前，国政实际上处于他的生母孝定李太后、司礼监太监冯保和内阁首辅张居正的共同监护之下，这一时期即著名的"万历新政"时期。李太后对万历帝的管教颇为严厉，《明史》多处记载"太后教帝颇严""慈圣太后遇帝严""后性严明"。李太后在万历帝初政及后来的"国本之争"中都发挥了一定作用，是明代为数不多有较大政治成就的后妃。

除教子颇严外，李太后的另一特点是"好佛"，因此"京师内外多置梵刹，动费钜万"。万历二年（1574 年）建承恩寺、重修海会寺，万历三年（1575 年）修东岳庙，万历四年（1576 年）修慈寿寺，万历五年（1577 年）建万寿寺，之后不久在五台山建大宝塔寺。她还发起编集、刊刻《续入藏经》，并将其与《永乐北藏》一起赏赐给全国各地寺院。万佛延寿寺是一座在"好佛"的李太后的推动下由明神宗重修赐额的寺院。

明清时期，大井村是广安门至卢沟桥的必经之路，东距广安门、西距卢沟桥约各 10 里。这里原有一座义井庵，后有一僧人募集资金，铸造了一座高达三丈六尺的铜观音像。万历皇帝得知后，为讨母亲欢心，下令将铜像送到义井庵供奉，并且拨款重修寺院，赐名为"万佛延寿寺"，寺内大悲阁阁前为明神宗敕谕碑。

20 世纪 60 年代中期寺庙被拆除，铜观音像被存放于市文物部门，后由大钟寺古钟博物馆运回，修复后露天立在万佛延寿寺旧址南侧的丰台体育中心。该像是北京现存最高大（大慧寺五丈高观音已无存）、造型最优美的铜铸观音菩萨像，1984 年万佛延寿寺铜观音像及周锵撰文的石碑被公布为丰台区区级文物保护单位。

原供奉在万佛延寿寺大悲阁内的铜观音像

撰文者周锵的身份成谜

明熹宗天启年间，"木匠皇帝"朱由校昏聩怠政，深受宠信的魏忠贤逐步掌握了司礼监的批红权和厂卫特务机构。他把持朝政，拉拢培植亲信，残酷打击杨涟、左光斗、高攀龙等东林党人和复社成员，屡兴大狱，朝野钳口。同时，一些无耻官员积极钻营，不惜卖身投靠权宦，极尽诌媚逢迎之能事，愈加突破底线，令人侧目。天启六年（1626 年），浙江巡抚潘汝桢提议在西湖边为魏忠贤建立生祠，织造太监李实请令杭州卫百户守祠，诏赐祠额曰"普德"，勒石记功德。自是，"诸方效尤，几遍天下"。其中"开封之建祠也，至毁民舍二千余间，创宫殿九楹，仪如帝者，参政周锵、祥符知县季寓庸恣为之，巡抚增光俯首而已。锵与魏良卿善，祠成，熹宗已崩，犹抵书良卿，为忠贤设滲金像"。

各级官员如此大兴土木为魏忠贤建生祠，等于他们是以近似自污的方式向权奸魏氏表忠心。而魏忠贤对此也乐见其成，稍有异议和怠慢者便被罢官削籍。如此荒唐之事，竟堂而皇之地在天启年间频频上演，政治伦理、世道人心、社会道德风气之堕落下滑，可见一斑。文言短篇小说集《聊斋志异》的作者蒲松龄说："士则无行，报亦惨矣！"周锵作为饱读儒家经典的士大夫和朝廷高官，何故如此？或许是时局驱使，身不由己；抑或为明哲保身，虚与委蛇。但做错事、坏事总是要付出代价的。崇祯皇帝即位后，迅速查办清除魏忠贤阉党，"天下所建忠贤逆祠，悉行拆毁变价""后建祠者，皆入逆案云"，周锵等人在所难逃，受到不同程度的惩处。

现立于北京市丰台区丰体北路北侧的明神宗敕谕碑

《日下旧闻考》记载："义井庵在广宁门外迤西十里，明万历中额曰万佛延寿寺。后有大悲阁，中奉大士，高三丈六尺。阁前为明神宗敕谕碑，正殿前有崇祯十三年碑，河南右布政使周锵撰。井在庙门外，今其地名大井村。"崇祯十三年（1640年）的重修碑，碑阳落款中有"菩萨戒弟子周锵撰"，碑阴题记中有"都人方伯周公锵命子道洽重摹，勒于义井延寿寺，时大明崇祯十三年庚辰孟秋也"。"方伯"原为殷周时代一方诸侯之长，后泛指地方长官。汉以来之刺史，唐之采访使、观察使，明清之布政使均称"方伯"。周镛曾任河南参政，称其为"方伯"亦无不可。那么，碑中的"都人方伯周公镛"是否就是曾为魏忠贤建生祠的"河南参政周镛"呢？史学研究一向有"孤证不立"之说，厘清碑中这位"周镛"的身份，尚需更多、更有价值和说服力的资料加以佐证。

田义墓石翁仲革带上的胡人驯狮图

在明清两代阜成门是北京内城的西门，出了阜成门一路向西，就到了著名的"京西古道"模式口。模式口过去是京西和张家口等地货物贩运进京的必经之地，大量的物资沿京西古道进入市区，使模式口沿线市井繁荣。这里一度店铺林立、商贾云集，留下了众多的文物古迹。如今，法海寺壁画、敕建承恩寺、明代贤宦田义墓地，是模式口古街的三张名片。这三处名胜古迹以其独特的文化底蕴与丰富的文化记忆，成为难得的明代社会政治经济变迁的历史缩影。

武翁仲的革带精细华美

田义墓位于模式口大街80号，建于明万历三十三年（1605年），由神道区、享堂区、寿域区三部分组成。整个墓区由一条神道自南向北贯穿。

神道之上分列一文一武两尊石翁仲，石质优良，高大凝重，造型华美。文翁仲朝服下身绶带饰云鹤花锦，线条流畅，雕刻相当精美。武翁仲位于神道西侧，头戴兜鍪，身着铠甲，手持钢鞭，腰系革带，脚蹬云头靴，虎目圆睁，虬髯戟张，神态威严。平时人们从这里匆匆走过，很少有人会留意到武翁仲腰间革带上雕刻的一组狮蛮纹纹饰。而雕有狮蛮纹纹饰的翁仲，截至目前北京地区仅发现这一处，十分罕见，弥足珍贵。

狮蛮纹，又称胡人戏狮图或胡人驯狮图，表现为高鼻深目的胡人戏舞狮子的场景，是宋、元、明时期武将带具等物品上重要的装饰纹样，在石刻、砖雕、绘画、壁画以及金、银、铜、玉、陶瓷等各种材质的文物上均有出现。《水浒传》第五十四回中描绘宋江"头顶茜红巾，腰系狮蛮带"。狮蛮带就是装饰有胡人驯狮纹的腰带，为高级武官所用，是官员品级与身份的象征。

武翁仲腰间革带长0.92米，从左至右雕刻七幅胡人驯狮图像，每幅长0.15米，宽0.11米。这七幅图案中第一幅和第七幅各仅雕一狮，第一幅中狮子的头部向右前伸，呈行走状；第七幅中狮子侧身回首，扭头向前。第二幅到第六幅均为一人一狮构图——人物头顶高帽，其穿着与汉人明显有别，狮子或蹲或立——中间点缀珊瑚、象牙、火珠、银锭、古钱、犀角等杂宝纹饰。

第二幅图中，狮前有一胡人双手端一圆盘高举过头顶，圆盘中

田义墓神道之造型华美的武翁仲

武翁仲腰间革带上的胡人驯狮图

盛满银锭和圆形果品，狮子蹲坐着向左上方仰望，此图被称为"胡人献宝"。第三幅图中，胡人双手在狮子颈部系一根飘带，飘带似在空中飞扬，狮背饰连弧纹，此图被称为"胡人戏狮"。第四幅图中，胡人手握系在狮颈部的绳索，狮子伸颈张口、四肢微曲，此图被称为"胡人牵狮"。第五幅图中，胡人手执权杖，狮子右前爪高抬，此图被称为"胡人驯狮"。第六幅图中，胡人肩背穿带瓶，瓶中有水泼洒而出，此图被称为"胡人跳舞"，据文献记载，胡人在跳这种舞时，为了避免被对方泼洒的水浇湿头部，需头戴一顶特制的涂油的帽子。

田义墓武翁仲腰间革带上的胡人驯狮图，以浅浮雕的手法雕琢，刀法沉着遒劲，线条自然流畅。胡人头戴尖顶帽，帽边外卷，帽子的尖端微微向前弯曲，帽顶有圆形装饰，此种帽式广泛见于多种题材的胡人图像，具有一定的普遍性。而狮子则与古代常见的戏狮题材所表现的凶猛狮子有所不同：圆眼阔口，头部的鬃发用较为密集的细阴线表示，四肢均勾勒双阴线，并以细密的短阴线表现茸毛，爪上刻三四道短阴线，尾根略作卷云状，尾端以密集的阴曲线表示。

石翁仲超出封建规制

　　自西汉以降，历代帝王、贵胄勋戚的陵墓前常有作为墓主等级标识而陈列于神道两侧的石刻群。田义墓现存陵墓石刻分为地面和地下两部分，地面部分主要有神道门、华表、石像生、棂星门、碑亭、享殿、寿域门、石五供、宝顶石质墓围，地下部分主要有地下墓室、石棺椁和墓志。田义墓脱离了庄重神秘的传统风格，大多表现世俗化的内容和题材，不啻一幅明代社会生活的长卷，不仅具有丰富的美学价值，而且还有相当重要的历史价值。

　　根据《明史》中"丧葬之制"记载："坟茔之制，亦洪武三年定……五年重定，功臣殁后封王，茔地周围一百步，坟高二丈，四围坟墙高一丈，石人四，文武各二，石虎、羊、马、石望柱各二。"石人即石翁仲，为二品以上大臣的规制。南京明孝陵是明代朱元璋的陵园，它开创了明代帝陵神道石刻制度，为其后的明代帝陵和清代帝陵所承袭。明十三陵是自明成祖朱棣起明朝十三位皇帝的陵寝总称，其中长陵前所设神道石刻为十三陵所共用。明孝陵石翁仲均高 3.23 米，明成祖长陵石翁仲高 3.2 米，田义墓武翁仲高 3 米，宽 1.16 米，厚 0.58 米。司礼监掌印太监田义为四品官员，按规矩是不能设置石翁仲的，其墓葬在石翁仲的设置上逾越了明代的坟茔制度。

　　帝制时代的太监虽然政治地位高，但社会地位低，传统士大夫

田义墓神道之文武翁仲和棂星门

中愿意屈身甚至不顾社会非议为之作传的并不多。田义墓中棂星门以北有三座碑亭，中亭内立"敕谕南京司礼监太监田义为南京守备碑"，其上为万历皇帝敕谕时任南京司礼监太监的田义为南京守备的圣旨碑文。西侧碑亭立"敕太监田义押发罪藩碑"，其上为万历十八年（1590年）八月敕谕内官监田义押送秦府永寿王府辅国中尉怀庸至凤阳的圣旨全文。东亭立"太监田义谕祭碑"，由礼部尚书、文渊阁大学士沈鲤篆额，吏部尚书、中极殿大学士沈一贯撰写碑文，武英殿侍直、典礼校正秘书潘世元书丹。碑亭为亲王墓的规制，这三通石碑在碑首、碑身及趺座的尺寸上均与当时相应的规制不符。

此外，为田义墓东亭谕祭碑动笔撰文的三位朝廷官员也都非同凡响。篆额者沈鲤，为明代万历年间著名的政治家、理学家，为人峻洁峭直，力行古道，历嘉靖、隆庆、万历三朝，被称为"三代帝王师"，先后任东阁大学士、文渊阁大学士，世称"沈阁老""归德公"。撰文者沈一贯为万历年间的内阁首辅、诗人、"浙党"领袖，是明朝首位对天主教持开明提携态度的内阁首辅，对开创晚明中西文化交流的"蜜月期"做出了贡献。相对于两位朝廷宰相，碑书丹者潘世元名气不大，无传，但能够有资格被选中为皇帝宠信太监的谕祭碑书丹，无疑在当时定是名噪一时的书法名家。

太监是封建专制社会的特殊产物，自先秦时期产生，一直延续到清代。"东汉及唐明三代，宦官之祸最烈"。明代太监专权继汉唐之后到达了一个新的高峰，太监的权力影响到政治、经济、文化等各个方面。从这些罕见的僭越礼制的陵墓石刻，可见田义生前非同寻常。四百多年前的太监田义究竟有何过人之处，居然能够在京城营造出这样一座不同凡响的墓园？

田义是明代太监中的清流

永乐十九年（1421年）明朝迁都北京后，南京成为留都。南京形成了一套与北京相对应的中央政府机构，包括文职系统的大小九卿，武职系统的五军都督府，以及内臣系统的二十四监局。南京守备官员中的内守备，官衔多为太监，即宦官系统级别最高官员，正四品，通常称为守备太监。南京内府各衙门权力最大的是司礼监。

司礼监作为明朝内廷特有的宦官机构，居内务府十二监之首。明中叶以后，其权力渐大，内阁大臣的"票拟"常由司礼监秉笔太监代行"批红"。南京守备太监多数出自司礼监。关于田义，《神宗实录》载："谕兵部：南京守备司礼监太监田义著掌管关防并本监印信，司礼监太监高禄调南京司礼监太监金押管事，一同南京守备。"

在明代，司礼监太监需出身内书堂已经成为惯例。明内府的内书堂设立于宣德年间，隶属于司礼监，由翰林学士授课，教授儒家经典，是一所专门培养幼年内侍的学校。一般选取十岁左右的幼年宦官进行教育。从宣德至万历年间，有史可稽的出身内书堂的司礼监太监包括大名鼎鼎的冯保、陈矩、王安等，田义亦为其中之一。

田义，陕西华阴人，嘉靖二十一年（1542年）净身入宫，被选派到司礼监下设的内书堂读书。万历朝是田义的高光时刻，他官至司礼监太监掌内官监印、团营大阅、南京守备等要职。据《酌中志》载："继诚掌印者，田太监义，掌东厂者，孙暹也。义，陕西西安府人，嘉靖二十一年选入，由文书房升南京守备。神庙久知其贞介忠诚，有大臣度，特召秉笔……田性俭朴寡言，休休有量，人不敢于以私。"

南京内守备的设置长达二百余年，其中多有擅权生事、营私舞弊之辈如弘治间蒋琮、正德间刘琅，但也不乏如田义、晏宏、吕宪等奉公守法、恪尽职守者。田义为人忠诚，处事公正，深受万历皇帝宠信，碑文中记载："公周慎简重，练达老成，历事三朝，未曾有过。"田义生前便享受诸多特权，如"赐蟒衣玉带""钦赐坐蟒，许禁地骑马""钦赐内府坐凳杌"。万历三十三年（1605 年），七十二岁的田义因病去世。万历皇帝甚为悲痛，愍恤有加，赐其厚葬，"赐祭三坛，给东园秘器，命将作穿冢以葬，创树享堂碑亭，盖异数也"。

在明代不少宦官擅权专政、祸害朝野的政治生态中，田义不失为一股清流。田义过世后，马龙湖、王奉、慈有方及后世仰慕其品

行的十余位太监追随其葬于此地，逐渐形成了一个规模较大、内容丰富的太监墓群，也成为目前国内保存最完整、占地面积最大、规制最高、石刻最精美的明清太监墓葬群。

田义墓是全国首座对外开放的明清太监墓园，其神道上的石翁仲在全国都是罕见的。要读懂田义墓的石刻艺术，武翁仲就是它的导语。田义墓园石刻犹如一只巨大的宝葫芦，对于万千行旅之人来说，这些石刻是京西古道上瑰丽的相遇之一。

五塔寺内『披发狮子碑』背后的宦海沉浮

　　明清石碑往往蕴含丰富的文字信息，其边饰纹样在构图形式和题材、风格特点等方面也都有较多的变化，所谓"有图必有意，有意必吉祥"。北京石刻艺术博物馆收藏的众多精美石碑，历来以庄重肃穆、典型规制著称。但凡事皆有例外，在寺庙碑刻展区有一通雕刻图案构思精巧、刻画细腻的石碑，碑座画面布置满密，四立面采用对称均衡的构图形式，浮雕二龙戏珠、狮子、祥云、松树、瑞草、寿山、福海等吉祥纹样。

　　令人诧异的是，碑座两侧立面浮雕披发狮子却与常见的清代石狮大相径庭：该狮体型庞大，四肢粗短，长发披肩，长长的尾巴绕于脚下，立着一双枣核眼，骨瘦如柴又愁眉苦脸，仿佛随时准备要与你诉说衷肠似的。因其呆萌可爱，深受大家喜爱，被戏称为"老也不高兴"，这通碑亦被称为"披发狮子碑"。碑文的撰写者是曹学闵，书丹者是冯廷丞，他们均为清代三晋大地的杰出人才。

增修三晋庙碑碑座上呆萌可爱的披发狮子

三晋庙原为马神庙

"披发狮子碑"正名为"增修三晋庙碑"，原立于广安门外手帕口三晋庙旧址，该碑为青白石质地，螭首方座，通高 3.27 米。碑文撰写者曹学闵与乾隆朝的纪晓岚、翁方纲私交颇深，书丹者冯廷丞因王锡侯《字贯》一案获罪。碑文洋洋洒洒 777 字，记述了马王庙扩建及易名为三晋庙的经过，见证了它曾经的辉煌和荣耀。

三晋庙原为马神庙，始建于康熙年间。马为耕战之必备物资，是冷兵器时代国家最重要的战略资源。《周礼》中有四时祭祀马神之制，隋、唐、宋，乃至明、清均有沿袭，长期把祭祀马神列入国家正祀。在中央政府马政机构太仆寺和御马监、地方官府衙署等处，多建有马神庙。

有明一代，始终面临着来自北方游牧民族的军事压力，比较重视养马，主张"马政即国政"，甚至形成"天下凡养马处，皆有祠，遂为通祠"的马神祭祀网络。当时各地关帝庙众多，有些地方就把马神与关帝同祀。清朝以弓马定天下，马喻示军事力量，祭马神是清宫祭祀的重要内容。康熙朝在平定"三藩"、收复台湾、击败噶尔丹后，天下太平，马神信仰逐渐深入到普通百姓的生产生活之中，人们相信马神不仅能护佑家畜，还承担应对旱涝灾害、发展庙会经济等功能。乾隆二十六年（1761 年），内务府总管大臣和上驷院卿被指定为"致祭马神之典"的"主祭人员"，祭祀马神的仪式进一步规范化、制度化。

北京自明嘉靖年间接修外城，西南各省士绅工商进出北京多经广安门。历史上晋商、徽商、潮商并称中国三大商帮。明清时期，晋商因靠近京师快速崛起，其足迹遍及大江南北、长城内外，甚至把生意做到俄国，他们在所到之处修建了大量的山西会馆，他们成为推动马神信仰发展的重要群体。

曹学闵是乾隆十九年（1754 年）进士，祖籍山西汾阳，官至内阁侍

原立于广安门外的增修三晋庙碑

读学士、宗人府府丞,深受皇帝赏识,在晋籍京官中享有很高的声誉。他虽久居北京,但不忘乡梓,据碑文记载,为解决山西学子"引见、入都庶常肆业以及大考、进士、举人选拔、朝考复试,皆无就屋之烦"的问题,曾出资在京修建山右三忠祠、三晋会馆、杨椒山祠、义园等。乾隆三十年(1765年)六月,曹学闵提议重修马神庙,此举得到了晋籍士绅的一致赞同,晋商踊跃捐款襄助。修缮一新的马神庙有殿宇三层,旁列廊庑,房屋六十间,规模宏敞。马神庙扩建工程竣工后,将门额更易为"三晋庙"。庙中供奉释迦牟尼佛像,以及关羽、关平、周仓、马王诸神仙佛,另外立有五座石碑。1992年因广安门外大街拓宽工程,三晋庙内建筑陆续被拆除,石碑亦被移出。

汾阳曹氏三代翰林

三晋大地关河阻隔,人杰地灵,历史上太原王氏,河东柳氏、裴氏、薛氏,都是名满天下、人才辈出的著名士族。比如唐代著名诗人王维就出身于太原王氏,文学家柳宗元出身于河东柳氏。

建议重修马神庙的曹学闵出身于汾阳曹氏。曹家世居汾阳太平村,自曹学闵起三代翰林,荣耀一时,可谓"诗书簪缨之族",在朝野传为美谈。使曹氏崛起的第一代人就是曹学闵。曹学闵字孝如,号慕堂,乾隆十九年(1754年)进士,是山西汾阳曹氏家族中第一位进士,后被选入翰林院庶吉士,历任翰林院检讨监察御史、给事中、通政参议太仆少卿、内阁侍读学士、宗人府府丞,专司纠察建言之职达八年之久,在政治得失、除弊革新、惠及民生等方面直言进谏,颇受皇帝和同僚敬重。曹学闵在朝任职三十年,两次担任史馆纂修官，三次参加巡试，两充同考官，端品励行，为官清廉，深受乾隆帝的信任。曹学闵的诗文多抒写性情，著有《紫云山房诗文钞》。曹学闵之子曹锡龄著有《周易集粹》《翠微山房诗文集》，其子曹祝龄官至户部郎中，两兄弟少时曾受学于著名学者朱珪、钱大昕等人。

乾隆五十二年（1787年）冬，曹学闵病逝于京师。次年（1788年）十月，其灵柩归葬山西汾阳故里。曹氏生平交游甚广，学界名流多为其撰文纪念：朱筠作《曹慕堂墓志铭》，钱大昕撰《皇清诰授通议大夫宗人府府丞曹公神道碑》，翁方纲写《曹慕堂先生传》，邵晋涵著《宗人府府丞曹公家传》，纪昀则以笔记体记述《曹宗丞逸事》。朱筠是清代著名文献学家、藏书家，与其弟朱珪并称"朱氏两神童"，史载他"博闻阂览，于学无不通""尤喜奖拔士类"，戴东原、邵晋涵、王念孙、汪中等皆受其奖掖，任大椿、洪亮吉、章学诚等皆为其门下弟子。钱大昕是乾嘉学派的代表人物，被称为一代儒宗。翁方纲是清代著名书法家、文学家、金石学家，因其书法与刘墉、梁同书、王文治齐名，并称"翁刘梁王"，又与刘墉、成亲王永瑆、铁保比肩，亦称"翁刘成铁"。邵晋涵是清代著名学者，曾入四库馆任纂修，史部之书多由其最后校定，与戴震、周永年、纪昀同纂修《四库全书》，纪昀就是大家十分熟悉的纪晓岚。

嘉庆元年（1796年），曹学闵之子曹锡龄、曹祝龄邀请山西同朝任官的五位同僚，将曹学闵的碑铭、志传、逸事录入《曹慕堂先生碑铭志传逸事》，又邀请王杰、王昶、董诰为之题跋，历时十三年终成一册。王杰是嘉庆皇帝的老师、内阁首辅；董诰是乾隆、嘉庆两朝的重臣，东阁大学士；王昶是清代著名学者，早年与王鸣盛、钱大昕等人并称"吴中七子"。

时光流转，百余年后的光绪二十八年（1902年），时任湖广总督张之洞获得该册，如获至宝，格外珍惜，将其精心装裱制封，题笺为《曹慕堂先生碑铭志传逸事册》。后此册由金石大家端方收藏，宣统三年（1911年）端方在四川资州被杀，此册辗转至李宗桐（待考）手中。一本《曹慕堂先生碑铭志传逸事册》，足见曹氏在清代文学圈的地位。

冯廷丞莫名被免职

增修三晋庙碑的书丹者冯廷丞是乾隆十七年（1752年）举人，山西代州（今代县）人，其祖父为湖南巡抚冯光裕。代州冯氏自明嘉靖年间出现首位举人后，经百余年文化积淀，至明末已成为北方文化望族。冯氏一门以诗书传家，冯廷丞工于诗文，著有《敬学堂诗钞》。冯廷丞与曹学闵父子既同朝为官，又同为山西老乡，由其书丹，也在情理之中。

冯廷丞曾出任福建分巡台湾兵备道台，兼提督学正，是台湾地区的最高长官。在担任江西按察使期间，他竟因莫名其妙的罪名被革职。

中国历史上因言获罪的文字狱比比皆是，秦始皇时期有焚书坑儒，汉朝的杨恽因在《报孙会宗书》中针砭时弊而被斩，宋代苏轼曾罹祸"乌台诗案"。有清一代，文人士子因文获罪的例子连绵不绝，为祸也最为酷烈。康熙朝最著名的文字狱是《明史》案和《南山集》案，雍正朝的文字狱有《西征随笔》案、查嗣庭案。乾隆年间是清代文字狱的最高峰，这位褊狭敏感的皇帝将宋明时期传下来攻击元朝的文章都算作诋毁朝廷，文字狱的对象也由文人士子延伸到了粗通文墨的平民百姓，又以《字贯》案和《一柱楼诗》案最为典型。

冯廷丞牵扯进的是王锡侯案。王锡侯，江西新昌县（今宜丰）人，三十八岁中举后九次考进士皆不中，迫于生计只得靠写书养活家小。因其懂训诂、善诗文，善于考证字音字义，对《康熙字典》研究颇深。王锡侯有感于《康熙字典》字数收录过多、体例松散的不足，自创了一套天、地、人、物四大类而统编的方法。乾隆四十年（1775年），已经六十三岁的王锡侯出版了一部名为《字贯》的新字典。两年后，他的同乡同族人王泷南向江西巡抚海成告发王锡侯，揭发他批评并删改《康熙字典》，另刻《字贯》。主要罪证就是该书序中说《康熙字典》"然而穿贯之难"，诋毁圣训。海成以"狂妄不法"的罪名上报皇帝，请求革去王锡侯举人功名。乾隆帝翻看《字贯》后发现，王锡侯竟然把康熙帝、雍正帝以及自己的名讳直书，犯了大忌。按照清朝的规定，凡是皇帝名号皆应减一笔或加一笔以不书来避讳。乾隆帝认为，王锡侯的行为属于"此实大逆不法，为从来未有之事，罪不容诛"。

这样一件在今天看来无关紧要的小事，在当时居然成了一项殒身灭门的重罪。乾隆四十二年（1777年）十二月，《字贯》案审结，王锡侯被判斩立决，其十五岁以上的子孙王霖等七人被判应斩监候、秋后处决，其他人全部发配黑龙江、与"披甲人"为奴，其家产被查抄，所著书籍十余种全部被销毁。受《字贯》案牵连，江西巡抚海成被判斩刑，缓期执行，发配新疆；两江总督高晋以失察罪，被降级留任；江西布政使周克开、江西按察使冯廷丞被革职治罪，牵连近百人。而冯廷丞被革职治罪的原因，竟然是看过《字贯》，却没有发现《字贯》的悖逆之处。

出了地铁国家图书馆站，沿着长河向东走，两岸杨柳依依，风景如画，远远看到掩映在树丛中的五座小塔，这就是著名的五塔寺金刚宝座塔，也是五塔寺这一名称的由来。

"兴记"牌匾与陈宝琛

位于五塔寺金刚宝座塔东侧的是祠墓石刻展区，展区内有墓碑、祠堂碑、记事碑等二十多通石碑，其中一个宽约 2 米的石牌匾颇为与众不同。该牌匾的石材为上等的青白石，在阳光下熠熠生辉，匾芯内"兴记"二字端庄遒劲，一同参观的友人有的说其笔体瘦硬遒劲，似黄庭坚；有的说其笔画骨力沉雄，得欧体神韵。这块牌匾是竖着立起来的，大家凑过去歪头细看，其落款下镌两印，上阴文篆书"臣陈宝琛"，下阳书篆书"太保之章"，四框镌刻缠枝葫芦花纹。这块匾额竟然是末代帝师陈宝琛题写的！

陈宝琛是中国近代史上具有一定影响的历史名人，为清同治朝进士，曾任职翰林院编修、翰林院侍讲……及至内阁学士兼礼部侍郎。陈宝琛早年直言敢谏，弹劾污吏，被誉为"清流四谏"之一。慈禧太后身边的太监仗势不守规矩，硬闯出宫，与午门护军发生争执，慈禧偏袒肇事太监，要严惩忠于职守的护军，陈宝琛不畏权势，直言劝谏，最终使慈禧收回成命，将肇事太监责打三十大板，对护军从宽处理了事，这就是著名的"庚辰午门案"。陈宝琛后于1885年以"荐人失察"为由被降级调用，从此家居福建达二十四年，1909年起复原内阁学士兼礼部侍郎一职。

陈宝琛在宣统三年（1911年）简授山西巡抚，未等上任，即改派在毓庆宫行走，为宣统帝授读，与同治年状元、大学士陆润庠同为宣统帝的汉文老师。于1919年3月进宫教授宣统帝的洋文师傅庄士敦，曾评论陈宝琛是一个"风度优雅迷人、精力旺盛"的人，溥仪视陈宝琛为自己的灵魂指引者和倚靠者，对他欣赏有加，尊敬信服。

陈宝琛一生历经清道光、咸丰、同治、光绪、宣统五朝直至民国，其独特的人生经历、深厚的文化修养以及晚年铮铮不屈的气节风骨，让人肃然起敬。陈宝琛不仅政治成就很高，而且他还有一项特长——书法。他的书法被时人誉为"伯潜体"，其书法作品主要融合欧阳询、柳公权、黄庭坚书法的诸多特点，从而形成独树一帜的书法造诣，在清末民初的书法界自成一家。

孙思克诰封碑残碑碑阳记述了墓主生平事迹及受封赠情况

匾芯内"兴记"二字的撰写者陈宝琛像

牌匾原是诰封碑

老北京的买卖，绝大多数都会请名人题写店名匾额，六必居酱菜园的匾额相传由明代宰相严嵩题写、宝古斋的匾额由清代帝师翁同龢题写、盛锡福帽店的匾额由直系军阀首领吴佩孚题写……这些匾额是京城深厚文化底蕴的一部分。那么这块"兴记"牌匾是出自京城哪家店铺呢？它现在又为何被放在博物馆里展出呢？

细看这块匾额背面，竟然打磨光滑，边框雕刻有云龙纹，刻工精细、造型优美，隐隐约约能辨认出"太子少保""阿思哈尼哈番""拖沙喇哈番""康熙四十年"等字样，而且是满汉合璧，满文居左、汉文居右。这块牌匾现收藏于北京石刻艺术博物馆，展区内其旁边的文物说明牌道出了其真实身份。原来这是清初名将孙思克的诰封碑，碑文主要内容为墓主孙思克的官职官衔、生平和任职经历，以及立碑时间。

诰命又称诰书，是皇帝封赠官员的诏令。清朝颁赐诰命的流程，一般为先由吏部和兵部提准被封赠人的职务和姓名，然后由翰林院依制撰拟文字。封典时由中书科缮写，再经内阁诰敕房核对无误后，加盖御宝颁发。诰封碑是将官员所得诰命镌刻于石碑之上，以光耀家族、昭示后人。

石碑通常由三块石头组合而成，碑额和碑身由两块石板镶嵌而成，下部是碑趺碑座。现如今的孙思克诰封碑的龟趺、碑身额首以上部分都已无处可寻，因人为裁截凿磨，仅剩多半截碑身，现残碑宽 1.14 米，厚仅 0.24 米。康熙朝《大清会典》明确规定："本朝定制，诸王大臣以及文武职官，俱有造坟立碑之例。"《大清会典》中议定："一品石碑，螭首，高三尺；碑身，高八尺五寸，阔三尺四寸；龟趺，高三尺六寸。二品石碑，麒麟首，高二尺八寸；碑身，高八尺，阔三尺二寸；龟趺，高三尺四寸。"孙思克诰封碑碑身宽 1.14 米，约折合三尺四寸，按此推算此碑应为螭首龟趺形制，通高约为 5 米。

朝廷立碑时所选的石质较好，官方使用最多的是上等的青白石，其质地洁白、细腻坚韧。晚清时期社会动荡，很多文物古迹遭到损毁破坏，尤其是材质优等的文物。孙思克诰封碑，想必应是在这一时期遭到损坏的。

"兴记"是北京东城东四钟表店字号，估计是当时钟表店要求时间紧迫，工匠一时石料难寻，遂将孙思克诰封碑去掉碑首和碑座，将碑阴磨掉一层，刻写了陈宝琛题写的"兴记"，改作匾额，悬挂

曾被改为东四钟表店牌匾的孙思克诰封碑残碑上"兴记"二字

东四钟表店现改名为"王府井精时钟表店"

于东四钟表店门楣之上。现在仔细观察，碑身还能明显地看出切割打磨的痕迹。所幸碑阳刻字未被磨去，虽有多处漫漶，大部分依然能够识读。1976年，牌匾被征集到文物部门，后调拨至北京石刻艺术博物馆，即五塔寺所在地。

名将与名师的跨时空交会

孙思克的一生颇富传奇色彩，就连一些文艺作品也会涉及他，金庸先生在武侠小说《鹿鼎记》中曾提及孙思克。书中的主人公韦小宝在驸马府结拜了四个兄弟，分别是张勇、赵良栋、王进宝和孙思克，即著名的"河西四将"。孙思克骁勇善战，自幼随军征战南北，几乎参与了清军入关之后的所有战斗，在平定"三藩之乱"、征讨准噶尔中立下赫赫战功。孙思克从康熙二年（1663年）任甘肃总兵，驻守凉州（今武威），到康熙三十九年（1700年）去世，在甘肃驻守了三十七年。其在剿灭叛臣王辅臣、维护西北稳定的过程中，功勋巨大，为守护西北边防、保境安民做出了重要贡献。

康熙帝召见孙思克时，命他坐在御榻右侧，后赐其御书"雄镇秦关"匾额，以表彰他镇守河西三十余年的功劳。康熙帝曾以一首五言律诗赐之，褒扬孙思克的军功和威望，诗云："天讨恭行日，军威战捷时。列营张犄角，扼吭有偏师。立见穷追尽，能承节制奇。鹰扬资远略，宿望在西陲。"据《清史稿》载："圣祖（康熙帝）第十四女，贵人袁氏生，和硕悫靖公主，康熙四十五年下嫁孙承运。……孙承运，甘肃提督，一等阿思哈尼哈番思克子，袭爵，授散秩大臣。"因为孙思克战功赫赫、年高有德，康熙帝将皇十四女和硕悫靖公主下嫁其子孙承运。和硕悫靖公主是康熙朝唯一嫁给汉军旗人的公主，可谓皇恩浩荡。

康熙三十九年（1700年），孙思克因病乞求退休。康熙帝派医官前去探视，让他留职养病。不久，孙思克病逝，追赠太子太保，赐谥"襄武"。其灵柩从甘州运至潼关时，沿途军民哭泣相送，康熙帝听闻此事后感叹："使思克平昔居官不善，何以得此？"于是进世职一等阿思哈尼哈番兼拖沙喇哈番。史书上记载："思克战功微不逮，而惓惓爱民，可谓知本矣。"这句话说明孙思克不但是久历疆场的将军，还是勤政爱民的好官。

为纪念这位德高望重的将军，凉州人民还在海藏寺、城东门外两处专门建造了孙公祠。武威柔远驿曾立有孙思克将军碑，清道光二十二年（1842年）八月，林则徐去新疆路过此地，听闻有孙思克将军碑，称赞道："思克者，康熙间名将也。"

雍正八年（1730年），朝廷兴建贤良祠，孙思克的灵位被安放在祠中。乾隆四年（1739年），乾隆帝定封孙思克为一等男。

乾隆三十二年（1767年），皇帝又将孙思克的爵位定为世袭罔替。

清王朝上承元明之制，实行行省制，分定全国州县为冲、繁、疲、难四类，在各省冲要关口派驻八旗、绿营以弹压地方。有陆疆防御任务的督抚制行省中，甘肃驻防绿营兵额较多。在打击南明残余势力和大顺、大西农民军与平定"三藩"过程中，绿营将领崭露头角，"河西四将"中的王进宝、赵良栋都是甘肃人。联姻、封爵、召见、赐赏等，是康熙帝对绿营汉臣孙思克的特殊恩典，加强了绿营将领对中央政权的向心力，从而巩固了国内的政治形势，促进了社会发展，体现了康熙、雍正、乾隆三朝在民族关系处理上的高明之处。

石碑是历史的见证，是文化的载体，它常因墓主的身份和事迹而诞生，又常因碑文的撰写者和题写人而传之久远。这通石碑，碑阳记录了孙思克在平定"三藩之乱"、征讨准噶尔中立下的赫赫战功，碑阴则是末代帝师陈宝琛题写的留传至今为数不多的匾额，斗转星移，三百年之后因缘际会——孙思克与陈宝琛意想不到地发生了一段跨越时空的交会际遇。半截残碑有幸保存下来，静静地矗立在碑林之中，无声地诉说着它的精彩、它的荣耀、它的新生。

古代儿童的墓葬出土不多，高规制的墓葬更是少之又少。20 世纪 60 年代，北太平庄街道索家坟村出土几座墓葬，其中 1 号墓规制最高，工程考究，陪葬品丰厚。经考证，墓主是一名年仅七岁的幼女。一名幼女的墓葬为何如此奢华呢?

墓主乃康熙朝辅政大臣索尼的孙女

1962 年 7 月至 8 月，北京文物工作队对北京师范大学用地范围内发现的几座清代墓葬进行清理。这座豪华墓葬的主人，正是清初重臣索尼之孙女、索额图之女黑舍里氏（也作"赫舍里氏"），也就是康熙帝孝诚仁皇后的堂妹。

这座墓室离地表4米，南北长1.82米，东西长1.82米，高2.95米，顶为三层拱券，墓门由整块青石打制而成。东壁、西壁和北壁均有壁龛，壁龛底部与棺床相接。北壁壁龛为砖雕仿木建筑样式，两侧抱框前各有粉彩砖雕仙人立在须弥座之上，男仙人立于左侧，女仙人立于右侧，仙人背后上端各有彩云一朵。东西两壁壁龛与北壁壁龛相仿，但抱框前无站立的仙人。棺床约占墓室的二分之一，其中央置有一盒，内盛骨灰。南壁正中开甬道，南北起券，甬道中央放置青白石墓志一通，上刻"清故淑女黑舍里氏圹志铭"。

立碑刻石是生者对逝者表达敬意的一种纪念礼仪，秦汉时期已蔚然成风。东汉末年，曹操崇尚俭朴，推行薄葬，下禁碑令，后世魏晋至北朝亦循此令。然而，世人追念亡者之情仍然希望有所寄托，变通方法之一就是把高大、费工费钱的石碑缩小简化为体积较小、造价低廉的墓志，于是将刻石埋入墓中的墓志就这样产生了。禁碑令废除后，以墓志代替刻碑的做法继续沿用，墓志的形制也随着时代发展不断演进，至北魏时方形墓志遂成定制，此后大行于隋唐，一直延续至明清。墓志分上下两层，上层称"盖"，下层为"底"，盖上刻有标题，为墓主的名讳、官职等，底部刻有墓志铭（圹志铭）。

黑舍里氏墓志整体呈碑状，高98厘米、宽28厘米、厚9厘米，为螭首，

索尼的孙女黑舍里氏之"豪华版"墓志

额篆"墓志铭",阴阳两面分别用满汉两种文字记录了墓主的生平经历和性格特点。碑身下为方形须弥座,并配有副座。整体小巧玲珑,十分精美,现藏于北京石刻艺术博物馆。

随葬器物珍贵异常

黑舍里氏墓的随葬品非常丰富,墓室东、西、北三面壁龛内共出土文物近60件,其中有瓷器15件、玉器30件、水晶器2件、金属器8件、墓志1方。其中嘉靖斗彩炉、成化斗彩葡萄纹杯、成化青花碗,其胎釉之细,图案之别致,十分罕见。

黑舍里氏墓出土的明成化斗彩葡萄纹杯

黑舍里氏墓出土的明嘉靖斗彩折枝花卉纹三足炉

黑舍里氏墓出土的明万历五彩仙人渡海图盘

　　小黑舍里氏七岁时亡故，但她的随葬品却如此丰厚，其背后透露的是索尼、索额图在清初政坛上显赫一时的地位和权势。顺治帝临终时命索尼、鳌拜、苏克萨哈、遏必隆为顾命四大臣。康熙帝年幼时鳌拜专权，孝庄太皇太后为笼络索尼制约鳌拜，将索尼的孙女黑舍里氏选为康熙帝的皇后。黑舍里氏皇后是索尼之子噶布喇的女儿，也就是索家坟墓主小黑舍里氏的堂姐。

　　索额图为索尼次子，在康熙朝前期深受重用，权倾一时，后参

黑舍里氏墓出土的明万历五彩花鸟纹洗

黑舍里氏墓出土的明成化青花宝相花纹卧足碗

黑舍里氏墓出土的明永乐甜白釉暗花云龙纹犁式壶

与太子胤礽谋反，事败后被幽禁至死。小黑舍里氏出生于钟鸣鼎食之家，生前正值其父索额图权势熏天之际。她从小备受家人的宠爱，但天不假年，年仅七岁却不幸夭折。家人痛断肝肠，为其修建了富丽堂皇的墓葬，并陪葬了贵重的明代官窑斗彩、青花等瓷器，还有玉器和铜器。墓志由国子监祭酒沈荃撰文并书丹，由候补侍读冯源济篆书碑额，由长沙府通判刘源填朱。这些超规格的丧葬待遇，从侧面说明了索额图家族强大的权势与雄厚的财力，可作为史籍中记载的索额图居官贪黩之事的参考。

东西文化交流的实证

中国是一个开放包容、兼收并蓄的文明体。历史上来自异域的佛教、伊斯兰教、基督教都曾与中华文明交流交融，互鉴共长。基督教曾四度传入中国，第一次在唐代，被称为"景教"；第二次在元代，被称为"也里可温教"；第三次是以明末清初天主教的传入为标志；第四次来华传教是在鸦片战争前后。明末清初天主教派通过耶稣会士传入，一方面掀起了西学东渐的高潮，另一方面耶稣会士在华期间的书信往来、新闻报道和汉学著述，也对欧洲当时的思想界产生了深远影响。

明末利玛窦等人来华传教，他们适应中国当时的国情和文化，在实践中开创了"适应性传教策略"，天主教于中国的传播在清朝出现了一个繁荣时期。继顺治朝的汤若望等人供职清廷之后，南怀仁、闵明我、徐日升、安多、白晋、张诚、纪理安、马国贤、德理格、郎世宁、戴进贤等传教士相继来到中国，他们深入宫廷，在天文历学、数学、地理学、音乐、绘画、医药学等领域颇有贡献。

走上层路线是清初天主教传教士"适应性传教策略"的内容之一。当时一部分传教士供职于朝廷，结交满汉亲贵，影响力巨大，不少皇室成员和官员皈依天主教。康熙三年（1664年），各省有教堂四十三所，在华传教士为三十五人，到康熙四十年（1701年），各省天主教堂已超一百所，在华传教士为一百一十三人，天主教在中国的发展速度惊人。康熙帝一度允许传教士在中国自由传教，先后来华的西方传教士不下三百人。

黑舍里氏墓志记载"淑女黑舍里氏法名众圣保"，小黑舍里氏应当是一名天主教徒。1689年《中俄尼布楚条约》签订时，中方的首席谈判代表为索额图和佟国纲，代表团随员中有耶稣会士徐日升和张诚。索额图曾称赞张诚："非张诚之智谋，则议和不成，必至兵连祸结，而失其和好矣！"中国政府放宽对天主教传教限制，

"清故淑女黑舍里氏圹志铭"阳面拓片　　　　"清故淑女黑舍里氏圹志铭"阴面拓片

以对徐、张二人在中俄谈判中的贡献做出表彰。两三年后，索额图不忘徐、张二人曾经的贡献，劝谏康熙帝允许西洋传教士在全国公开传教。从以上事例可以看出，索额图本人对天主教颇有好感，对传教士也十分亲近和信任，因此许可自己的女儿信奉天主教也在情理之中了。

天花肆虐致使幼女夭折

小黑舍里氏性格温厚、通晓礼数、孝敬长辈，深得父亲索额图的宠爱，从其墓志记载来看，她是因天花夭折的。天花又称"痘疮""痘疹"，是一种传染性极强的急性发疹性疾病。我国最早对天花症状的记载，见于东晋葛洪的《肘后备急方》，隋唐时代已见流行，明清时期达到高峰。顺治帝是清王朝入关定鼎中原的第一位君主，正值盛年却身染天花。病危之际，顺治帝派人征求传教士汤若望的意见，汤若望表示考虑到当时对天花尚缺乏有效的治疗手段，建议立皇子中曾出过天花的玄烨为储君，而这一建议也与皇太后及亲王们的观点相合。

一方小小的墓志背后有太多的历史信息。索尼、索额图父子二人是清初顺治、康熙两朝的权臣和能臣，家族也因他们走上了巅峰。索额图的政治生涯大起大落，由辅弼重臣成为政治斗争的失败者，受其惠的家人也受其累，或被杀，或被拘禁，或被流放。索额图在为小女儿陪葬琳琅满目的珍宝时，应该不会想到自己死后会沦落到在索家坟连墓地、墓碑都没有的凄惨地步。

从帝国能臣勒保的诰封碑看大时代的变局

　　自 1644 年入关至 1809 年，清朝已定鼎北京一百六十五载，这座自金元以降便作为都城的历史名城，见证了无数治乱兴衰。

　　嘉庆十四年（1809 年）大年初一，当京畿百姓沉浸在春节的欢庆中时，勒保收到了一份特殊的皇恩———一通诰封碑。十年后（1819 年），勒保病逝，嘉庆帝再度颁旨立赐谥碑，碑文以"柱石之材""干城之任"追念其功绩，并谥"文襄"以彰其"刚强能断""甲胄有劳"，两碑形制相仿而纹饰寓意迥异，折射出勒保一生从功成名就到荣哀备极的变迁。

集多重寓意、饱含浩荡皇恩的诰封碑

　　勒保夫妇诰封碑是螭首龟趺形制，为青白石质地，通高5.6米，宽1.3米，规制宏大，碑身阳面和阴面的边框雕刻有行龙浮雕，左右两边各有四条，上下两端各有两条。龟趺座左、右两侧各雕刻麒麟、山石、松树等浮雕图案。碑首额题"诰命"二字，碑文用满汉两种文字记述了勒保任四川总督时所赐诰命之御制文，碑阴无字。此碑将皇权威仪与祥瑞意象完美融合，尽显一品大员殊荣。此时距勒保平定川楚白莲教起义已逾五载，这份新春首日颁布的殊荣，既是对其戎马功勋的褒奖，更暗含清廷在盛世余晖中树立忠臣典范的政治考量。

　　石碑经过两千多年的演变，其样式和内容都有一定的规制，普遍比较中规中矩，少有突破和新意。但勒保夫妇诰封碑和勒保赐谥碑在遵守传统礼制的同时，在细节上却有一些创新之处，看后不觉令人有眼前一亮之感。诰封碑碑身下部，雕刻一只灵猴扛一截长有寿桃的桃树枝，稚拙可爱；右下角刻有一只蜥蜴口吐仙气，姿态生动。赐谥碑碑身左下部雕有一只灵猴抱头痛哭，神情悲伤；碑身右

制作考究的勒保夫妇诰封碑和勒保赐谥碑

北京石刻艺术博物馆祠墓碑区全景

侧则是三只形态各异的小羊，似有"三阳开泰"之寓意，又或有牺牲贡献之意。

中国历来有祝寿的传统，这在文化和艺术领域均有表现，而且遇到喜事人们喜欢讨"口彩"。两通碑中刻有大量的如桃、猴、羊、龙、麒麟等吉祥图案，多姿多彩，内涵丰富，蕴含着令人深思的传统文化内涵。松、柏、鹤、桃、灵芝等多种自然景物，都被视为长寿的象征。桃子因神话传说中西王母蟠桃园中的蟠桃可助人长寿甚至成仙之缘故，有延年益寿的寓意。而猴子极具灵性，又喜欢吃桃子，故猴和桃结下了不解之缘，同时亦因"猴"与"侯"读音相近故有封侯晋爵之意，因此诰封碑上刻有扛寿桃之灵猴，符合勒保的身份地位。羊一向给人温顺、纯洁、吉祥、美好之感，《说文解字》中称"美"字是由"大"和"羊"两字会意而成；传统文化中"羊"谐音"祥"，有好运之意。此外，人们认为龙能乘风破浪，具有避灾作用；麒麟等灵异类动物被视为祥瑞，很受皇室与民间的推崇和

勒保夫妇诰封碑碑身下部之扛着寿桃的灵猴　　勒保赐谥碑碑身左下部之掩面痛哭的灵猴　　勒保赐谥碑碑身右侧之三只形态各异的小羊

喜爱，是帝王和达官显贵石碑上的常用之形象。

嘉庆十九年（1814年），勒保开始因病带俸休养，五年后逝世，享寿七十九春秋。立于嘉庆二十四年（1819年）十一月初二的赐谥碑，与立于嘉庆十四年（1809年）正月初一的诰封碑形制相同，为青白石质地，通高5.77米，宽1.22米，额篆"敕建"。赐谥碑碑文满汉合璧，开篇写"朕惟赞襄钧轴，允推柱石之材；谙练韬钤，端重干城之任，褒扬其军事才能"，末尾"谥以文襄，象其行谊"点明谥号的寓意，并强调"树之贞石，贻尔后昆"以示皇恩永续，叙述了勒保逝世后皇帝褒嘉其一生功绩，下诏赠一等侯，赠谥"文襄"，并令皇子致奠。勒保家族墓地原在北京市朝阳区小庄东南英家坟，占地四十亩，有石牌坊一座、华表一对、石碑两通、石狮子一对、宝顶五座及松柏树若干。1954年纺织研究所干校征地，墓地中的石牌坊、华表和石狮子被运至圆明园，1985年11月30日两通石碑自圆明园管理处移交北京石刻艺术博物馆。

勒保家族墓地旧照中的
石牌坊、华表和石碑

堆放于圆明园东门的石牌坊和华表构件

从笔帖式到封疆大吏，一代名将的成功之路

　　勒保之所以被嘉庆皇帝格外看重和褒奖，最根本的还在于他对清王朝的极度忠诚和巨大贡献。勒保出身满洲镶红旗，历仕乾隆、嘉庆两朝，是嘉庆年间镇压川楚白莲教起义的清军统帅。他的父亲是乾隆朝的大学士温福，在出征小金川的战役中担任定边右副将军，后战死沙场。勒保属于我们现在常说的"官二代"，也是一个烈士遗孤，他在乾隆二十一年（1756年）由监生充清字经馆誊录，开始踏入官场；六年后由中书科笔帖式充军机章机，仕途从此驶入"快车道"。

　　清入关前称有学问的人为"巴克什"，天聪五年（1631年）改称"笔帖式"，意为办理文件、文书的人。清军入关后，随着政务活动特别是文案工作的急剧增加，清政府遂在各衙门广置笔帖式。笔帖式为国家正式官员，品级一般为七至九品，因其升迁较易，速度较快，被称为"八旗出身之路"。军机章京相当于军机大臣的助理，与军机大臣一样属于兼差，其职责是协助军机大臣处理军机处的日常工作等。因此，人们称军机大臣为"大军机"，称军机章京为"小军机"。晚清时期，由于领班军机大臣多为亲王充任，人们又称军机章京为"王佐"，其品秩虽不高但众人瞩目、仕途远大。

　　乾隆四十五年（1780年），勒保充库伦办事大臣，累次升迁，擢升兵部侍郎、山西巡抚、陕甘总督。乾隆五十六年（1791年），福康安率军征伐廓尔喀，勒保负责管理西路大军的驼马、装粮、台站，尽心竭力辅佐福康安取得大捷，确立自己在西南的军政地位，因功受封太子太保。

　　三年后，勒保捕杀白莲教支派混元教首领刘松，这是他后来担

纲镇压白莲教起义统帅的肇始。乾隆六十年（1795 年），勒保调任云贵总督，在任上他积极镇压苗民起义，维护清廷统治。乾隆末年，在下层民众中秘密串联的民间宗教组织白莲教广泛传播，信徒众多，逐渐坐大，终于在嘉庆朝全面爆发大规模起义，参加人数多达数十万，波及湖北、四川、陕西、河南、甘肃五省的广大地区，历时九年。清廷为镇压这次起义耗费了大量人力、物力、财力，起义虽然最后被镇压下去，但朝廷也元气大伤，从此走向衰落，嘉庆朝的白莲教起义成为终结康雍乾盛世的标志性事件和最重要的原因。

勒保是清朝镇压白莲教起义的主要统帅和有功之臣，这也是他备受嘉庆帝嘉奖和宠信的原因所在。他因功曾受封一等伯爵、一等威勤侯，并拜武英殿大学士、军机大臣、领侍卫内大臣等职，功成名就，誉满天下，终成嘉庆朝一代名臣。

勒保，字宜轩，姓费莫氏，费莫氏是满洲古老的姓氏之一。能从笔帖式官至一地总督封疆大吏，一方面因勒保自身为官能力突出，另一方面其仕途之路也离不开其家族的助力。温福与勒保父子两人皆为将领，在戎马生涯中立下了赫赫战功，对维系地方安宁与清王朝的统治起到了一定作用。他们皆取得封号与赏赐，对费莫氏家族日后的繁盛及家族成员的发展打下了坚实的基础。嘉庆皇帝让皇四子瑞亲王绵忻娶勒保的女儿为嫡福晋，再度树立了费莫氏的家族地位。勒保的长子英惠任科布多参赞大臣，并承三等威勤侯；其第四子英绥担任工部侍郎；其孙子文厚在英惠去世后承袭爵位；他的另一孙子文康为清代著名小说家，代表作是著名小说《儿女英雄传》。

帝国斜阳，千年未有之大变局开启前的最后辉煌

清朝作为一个崛起于中国东北白山黑水之间且由少数民族建立的政权，它在入关之前就已经统一了女真各部，并征服了漠南蒙古。1644年，清军趁李自成覆亡明廷之际迅速入关，挟满蒙八旗的军事力量，辅以汉族的儒家文化和发达的官僚机构，很快消平关内各大割据势力，平定"三藩"，收复台湾，在蒙古、青海、西藏、新疆等地建立起稳固统治，到1759年左右清朝疆域达到最大，约1310万平方千米，并稳定了约一百年。

在扩大疆域面积的同时，清初统治者通过一系列如摊丁入亩、改土归流、永不加赋等措施，使社会经济全面恢复，人口快速增长突破一亿关口，至清末全国人口达到四亿，开创了中国封建王朝的最后一个盛世——康雍乾盛世，时间长达一百三十多年。

然而盛极而衰，到了乾隆帝统治的后期，贪腐盛行，文化专制，社会阶级矛盾逐渐尖锐，社会潜藏着巨大的危机和破坏力量。当时清朝的发展已被英、法等新兴资本主义国家远远甩在身后，而乾隆朝君臣却浑然不觉，还像井底之蛙一样做着万国来朝的美梦，可谓夜郎自大、故步自封。正如当时来华要求开放贸易的英国马戛尔尼使团报告中说的那样，中国的军队只不过是打着旗帜的仪仗队而已，"这个政府正如它目前的存在状况，严格地说是一小撮鞑靼人对亿万汉人的专制统治"。

乾隆帝颇为自得的所谓"十全武功"，以及嘉庆、道光年间爆发的川楚农民起义，加速了帝国向下滑落的步伐。嘉庆帝、勒保这一对在封建时代尚属开明清醒的君臣，却对当时的世界大势和帝国的未来走向懵懂不知，还陶醉在平定叛乱、帝国中兴的美梦中。这

既是以他们为代表的清朝上层统治阶级的悲哀，也是整个国家和民族的悲剧。

鸦片战争之后，中国的国门被西方的坚船利炮打开，中国被迫融入新的世界，开始进入李鸿章所说的"三千年未有之大变局"。这个过程中伴随着割地赔款、节节挫败和一系列屈辱严苛的丧权辱国的不平等条约，这中间虽然也有像林则徐、魏源等爱国者发出的"师夷长技以制夷"的呼唤，有奕䜣、曾国藩、李鸿章等开明大臣倡导的洋务自强运动，但最后都归于失败。而太平天国起义、甲午中日战争、八国联军侵华战争等进一步耗费了国力，国门洞开，帝国无力应对世界之新的变化、新的形势和新的敌人。最后在 1911年武昌楚望台的一声巨炮声中，清帝国最终走向覆灭，中华民族也开启了堕入谷底后转而向上的新的一页。

北京有着三千多年的建城史，八百余年的建都史，是元、明、清时期的政治中心，保存了大量的石刻艺术珍品。北京地区的石刻文物遗存丰富，其文化积淀绵长厚重，它们无论是在形制装饰、铭文书写，还是材质选用、刻工技法上，都存储着大量的文化信息以及寄托着立碑者的情感，一些石刻颇具皇家风范与帝都气派。

在北京市现存的石刻中，有一通碑的螭首龟趺形制较为特殊，是北京地区唯一的回首龟趺碑座。这通螭首龟趺碑是康熙时期敕建的墓碑，目前放置在位于丰台区北宫镇的刘秉权墓地。

位于北京市丰台区北宫镇的刘秉权敕
建墓碑

"螭首龟趺"有定式

刘秉权，字持平，清朝汉军正红旗人，顺治初任兵部主事，顺治十五年（1658年）改任刑部主事。康熙六年（1667年）十二月刘秉权出任广东巡抚，康熙十三年（1674年）卒于军中。

刘秉权墓地位于北宫镇大沟村东侧的高台土坡上，占地约5000平方米。刘氏墓葬结构分为前部的祭祀空间和后部的地下空间两部分，祭祀空间部分现存华表二座、敕建墓碑一通，原有一座两柱一间或四柱三间牌楼，现仅存夹杆石两组。后部的地下空间现存土茔三座，刘秉权墓在中间。刘氏墓地中最引人注目的是敕建墓碑。该碑为康熙十五年（1676年）六月初四所立。碑为青白石质地，材质精良，形制高大，首身高 348 厘米，宽 103 厘米，厚 42 厘米；为螭首龟趺形制，龟趺长 204 厘米，宽 110 厘米，高 109 厘米。

在中国古代礼制中，石碑是彰显墓主身份的重要载体。一通完整的石碑通常由三部分构成：顶部的装饰性碑首、刻有墓主信息的碑身，以及承载整块石碑的基座（也称碑座）。不同品级的官员，其墓碑规格有着严格差异，这主要体现在尺寸数据和雕刻形制上。以清代康熙朝为例，朝廷对官员墓碑的建造标准有明文规定：一品官员的墓碑需采用象征皇权的螭首（龙形雕刻），碑首高度为三尺（约 96 厘米）；碑身高度达八尺五寸（约 272 厘米），宽度三尺四寸（约 109 厘米）；基座则使用龟形石雕趺座，高三尺六寸（约 115 厘米）。二品官员的规格略低，碑首改用麒麟图案，碑首高度减少至二尺八寸（约 90 厘米）；碑身高度缩减为八尺（约 256 厘米），宽度缩窄至三尺二寸（约 102 厘米）；龟趺座高度也降低为三尺四寸（约 109 厘米）。这种等级森严的墓碑制度，不仅通过尺寸数据体现尊卑差异，更借助螭、麒麟等神话动物的雕刻形制强化礼法秩序，成为古代封建社会身份等级制度在丧葬文化中的具象化呈现。

在清朝官制中兵部侍郎为从二品；都察院是明清两代最高的监察机构，负责掌管纠劾百司，清朝时以左都御史、左副都御史为主官，以右都御史及右副都御史专为总督、巡抚加衔，其中右副都御史属正三品。刘秉权因平息靖南王耿精忠部下刘进忠在潮州发动的叛乱有功，康熙帝晋升其为兵部右侍郎兼都察院右副都御史，特加恩宠，其墓碑也雕刻得非常精美。

墓碑在唐代形成定制后的一千多年间，并无大的改变。螭首龟趺一直是中国古代墓碑雕刻的主流，是墓主身份和等级的象征，也是墓碑的经典形制。龟趺即赑屃，又名霸下，好负重，形似龟。唐宋之前的墓碑龟趺为龙与龟结合的玄武形象，以后逐渐龙化，至明清时演变为纯粹的龙头龟状。碑座的龟趺是刘秉权敕建墓碑雕刻艺术的点睛之笔，其背宽，壳硬，足短，张口，面部呈方形，有角和胡须，比较接近龙首。与常见的龟趺昂首向前的姿态不同，刘秉权敕建墓碑之龟趺为回首后望状，好像若有所思、颔然含笑，十分生动，这也是目前北京地区所见唯一的回首龟趺碑座。

为北京地区所仅见的刘秉权敕建墓碑之回首龟趺碑座

此龟趺从实际功能上说，巧妙利用力学原理从龟背开槽深嵌碑身，既支撑了碑身的巨大重量，又起到固定作用，有效防止碑体倾倒或下沉；从设计审美的角度来看，别出心裁，极具匠心，与传统龟趺形象相比有较大突破。

碑文昭示平叛功绩

明清的丧葬制度和习俗基本上沿袭唐宋，崇尚儒家伦理道德，强调贵贱等级的丧葬礼仪。官方政治属性是敕建碑最显著的特征，其碑文撰写与镌刻皆有严格规定，首尾有固定程式。

刘秉权敕建墓碑碑文抄录如下：

> 巡抚广东等处地方提督军务兼管粮饷盐法、兵部右侍郎兼都察院右副都御史、谥端勤。秉权碑文：稽古建业，驱策群力。不吝爵赏，以劝有功。昭示后世，用传不朽。所以励忠，盖甚备也。尔刘秉权，性行端良，才能敏练。简任巡抚，正己率属。勤职惠民，进剿潮州。得获炮台等处，亲督行阵；招复三县民人，殚心效力。克奏肤功，方冀遐龄，忽焉长逝，朕甚悼焉。特赐谥曰："端勤"。勒诸贞珉，永光皇壤。国典臣谊，庶其昭垂无斁哉。康熙拾伍年陆月初肆日立。

清朝康熙时期的"三藩"割据势力，是指平西王吴三桂、平南王尚可喜、靖南王耿精忠所率军队，他们或其先辈是明朝末年的叛兵降将，曾为清朝入主中原立下了汗马功劳，被封为异姓王。平定"三藩之乱"是清代初期的重大历史事件，被史家称为"奠定国基第一事"。从康熙十二年（1673 年）十一月至康熙二十年（1681 年）十月，时间长达八年。在"三藩"反叛初期，形势对清王朝十分不利，西南各省掀起反旗，其后两广、闽浙、湖广、江西等地相继失陷。刘进忠原为明朝总兵马得功的部校，清顺治二年（1645 年）随马得功在芜湖降清，在清政府攻打福建之时立下显赫战功，康熙八年（1669 年）出任潮州总兵。康熙十二年（1673 年）十一月，镇守云南的平西王吴三桂因撤藩问题首先起兵反清，次年三月镇守福建的靖南王耿精忠也举兵叛清，很快镇守广东的平南王尚可喜也竖起了反旗。潮州总兵刘进忠跟随耿精忠加入反清阵营，被封"宁粤将军"。从康熙十三年（1674 年）至康熙十六年（1677 年），刘进忠以潮州为大本营，抗击清政府长达三年。作于大约三百年前的历史演义小说《三春梦》，演绎的就是刘进忠的抗清故事。

当时清朝南方各省督抚中如金光祖、刘秉政、曹申吉、罗森、卢震等，"或有从贼献策者，或有受贼伪职者，或有弃地逃生者"，令清廷颜面尽失、大为光火。时任广东巡抚的刘秉权亲往潮州督战，城久攻不破，清兵死伤惨重。刘秉权在此战中立下了赫赫战功，终因日夜操劳，不幸病亡。

后来，康熙帝在政治、军事方面采取了一系列措施，逐渐扭转了战争形势，掌握了战争的主动权。康熙二十一年（1682 年）刘进忠在潮州走投无路，最后降清，在京被枭首示众。在清廷与"三藩"叛军的殊死较量中，一些封疆大吏和镇守将帅因勇敢作战而殉职，康熙帝对有功之臣不吝爵赏。刘秉权去世后，康熙帝亲自为其撰写碑文，并赐谥曰"端勤"，敕建墓园，昭示后人。

"铁笔传神"寓吉祥

历史上北京先后成为辽南京、金中都、元大都、明清帝都，以上几个历史时期中除明代以外，其余均为由少数民族所统治的时期。北京地区的石碑中较早出现少数民族文字的时间可以追溯到元代，

雪地中与华表遥遥相望的刘秉权敕建墓碑

康熙朝是清代开疆拓土、稳定中原统治的重要时期，这一时期刻有少数民族文字的诰封碑数量较多。有清一代，最为常见的碑文语种形式为满汉合璧，此类石碑数量最多。

刘秉权敕建墓碑系官方所立，其文字先由翰林院或内阁拟稿，之后经皇帝批阅、颁发镌刻，称为"御制"或"敕建"，等级与规格都很高。碑首篆刻"敕建"二字，碑阳的碑文满汉合璧，汉文为七行，满文为八行，碑文内容相同。

碑文的主要内容为写有墓主姓名、生平及任职经历的诰敕命文书和立碑时间。汉族在书写习惯上尚右，所以从右侧行书；北方少数民族在书写习惯上尚左，所以从左侧行书；文字整体布局为"左满右汉"。

刘秉权敕建墓碑刻工精良，铁笔传神，是难得一见的精品文物。碑首螭龙盘曲翻飞，碑身边框浮雕云龙纹，侧面浮雕二龙戏珠和仙草等植物纹样。碑座龟趺为回首后望状，龟背纹饰繁复，四足雕刻精细，并饰以云纹图案，螭、龟趺和龙三种吉祥神兽上下呼应。这些装饰于碑首、碑身、碑座不同位置的雕刻纹饰，不仅体现了封建社会严格的尊卑等级，同时也沉淀着大量寓意长寿和祥瑞的吉祥文化元素，体现出对逝者的缅怀和祝福。

人事有代谢，往来成古今。石碑是镌刻文字、图案、造像等文化信息的重要载体，在人物传记、丧葬制度、职官封赠制度等诸多方面具有重要的历史文化研究价值。刘秉权敕建墓碑包含了深刻的文化内涵、严格的等级制度、高度的审美概括、精湛的雕刻技艺，不仅具有艺术美感，也兼具史学价值，是明清石碑中的精品，也是留给我们的弥足珍贵的文化遗产。

寻碑访古

『大侠萧峰』建造的八大处辽代古塔

　　北京西山八大处是一座历史悠久、风景宜人的佛教寺庙园林，历史上这里曾经分布着从隋唐至明清时期的二十多座寺庙。时移世易，朝代更迭，至清末民初，八大处保存下来的仅有八座古寺了，即长安寺、灵光寺、三山庵、大悲寺、龙王堂、香界寺、宝珠洞、证果寺，八大处也由这八座古刹而得名。"翠微八大刹，灵光数第一。"这八座寺院又以保存佛牙舍利的灵光寺最为知名。但鲜为人知的是，灵光寺招仙塔是辽代佛教文化的重要见证，此塔的建造者耶律仁先是金庸先生小说《天龙八部》中的南院大王"大侠萧峰"的原型。

雪后的北京西山八大处灵光寺

西山八大处灵光寺内双塔

　　灵光寺始建于唐大历年间，初名龙泉寺。金大定二年（1162年）重修，改称觉山寺。明宣德三年（1428年）复修，明成化十四年（1478年）再次修缮后改名为灵光寺。现今的灵光寺内百米左右一南一北

暮春时节辽塔旁的七叶树花满枝头

矗立着两座佛塔：南塔低矮残破，青苔斑驳，间或还有一些稀疏的杂草，写满了岁月沧桑、历史变迁；北塔高耸壮观，金碧辉煌，一看即近现代投入巨资，精心修建而成。

辽塔塔基精美的共命鸟砖雕

南塔名叫招仙塔，建于辽咸雍七年（1071年），是一座八角形十三层的砖塔。据《日下旧闻考》载："寺后有塔，十层八棱，俗称画像千佛塔，绕塔基有铁灯龛十六座。塔西有井泉，深广约五尺余。"

共命鸟线描图

光绪二十六年（1900年），八国联军入侵北京。义和团于远在京西郊外的灵光寺设坛反抗，令招仙塔受池鱼之殃，被侵略者的炮火焚毁。次年四月，来自承恩寺的僧人圣安受灵光寺住持海山重托，率领僧众重修庙宇，在整饬维护招仙塔残存塔身的过程中，意外发现了安置在塔基内的两件文物：一个石函和一个汉白玉承露盘。石函内藏有一沉香木匣，匣上镌刻"释迦牟尼佛灵牙舍利，天会七年四月廿三日记，善慧书"等字，其中珍藏佛牙舍利一颗。木匣上题名的"善慧"，是五代时期的北汉僧人。承露盘底部刻着两行辽文和三列汉字："大辽（辽）国公、尚父令公、承（丞）相大王、燕国太夫人郑氏造，咸雍七年

辽塔汉白玉承露盘（供
图：王少卿）

八月日工毕记。"

上述文字包含着大量历史文化信息。此处提到的"天会"是北
汉年号，天会七年即963年。北汉是五代后期山西北部刘崇父子
建立的一个地方政权，后来为宋朝所灭。"咸雍"是辽道宗的年号，
咸雍七年即1071年。而"大辽（辽）国公、尚父令公、承（丞）
相大王、燕国太夫人郑氏造，咸雍七年八月日工毕记"里的"燕国
太夫人郑氏"即辽国名臣耶律仁先的母亲，表明招仙塔是辽国丞相
耶律仁先为其母燕国太夫人所造。沉香木匣内的佛牙舍利是佛祖释
迦牟尼涅槃后存留世间的两颗佛牙之一，在南北朝时由南朝高僧法
献带回南京，隋朝建立后被送到长安。五代时中原战乱，佛牙舍利
辗转传到辽代南京（今北京）。其稀有和珍贵程度，与陕西扶风县
法门寺出土的佛指骨舍利堪称伯仲之间。《辽史》卷二十二《道宗
耶律洪基本纪二》记载，咸雍七年（1071年）"八月辛巳，置佛

骨于招仙浮屠，罢猎，禁屠杀"。

根据王国维先生提出的考古二重证据法，即发掘的出土文物和史书的记载相互印证，塔内出土的承露盘底部的文字与《辽史》的记载可相互印证。之后，佛牙舍利作为佛教圣宝秘不示人，塔顶的汉白玉承露盘被视为镇寺之宝。清末重臣端方是当时为人共知的杰出收藏家，他在宣统元年（1909年）因为慈禧葬礼照相之事而贬官后，来到了八大处灵光寺，于寺中金鱼池北修筑归来庵。端方见到石露盘汉白玉承露盘后，"欲以三千金易之，圣安不肯，留镇山门"。

1957年，中国佛教协会倡导在灵光寺原塔址西北处重建一座新塔，作为永久供奉佛牙舍利的场所。新塔建在招仙塔塔基北边数十米处，为八角形十三层密檐式塔，高51米。新塔和附属殿堂于1958年夏季动工，1964年竣工装修调拨文物。一经建成，就成为中外游客竞相参观游览、礼拜进香的圣地。

"大侠萧峰"化身建造者

金庸先生是海内外知名的武侠小说家，他创作了许多脍炙人口的经典人物形象，《天龙八部》中的萧峰因其正气和豪情而深受人们的喜爱。灵光寺招仙塔的建造者耶律仁先即萧峰的原型。耶律仁先为南府宰相耶律思忠（一作耶律瑰引）之子，是辽代中后期辽兴宗、辽道宗两朝维护边疆稳定的名臣。

他精通兵法，功勋卓著，被尊为大辽国"尚父""于越"。"尚父"是皇帝尊礼大臣的称谓，历史上最著名的三位尚父是周朝的姜太公

（姜子牙）、唐朝的郭子仪和唐代宗时的权宦李辅国；"于越"是辽朝的最高官名，终辽二百一十年仅有十位于越，其中尤以辽太祖耶律阿保机和曾经在高梁河一战中大败宋军的耶律休哥最为知名。耶律仁先出身契丹皇族，在朝四十多年时间里，他六次为将，五次封王，深受几代帝王器重。辽兴宗曾命耶律仁先为主帅，统兵迎战五个部落。耶律仁先以守为攻，使辽代西北地区得到稳定。辽兴宗曾赞曰："唐有大亮（即唐朝大将李大亮），我有仁先。"耶律仁先在兴宗重熙十一年（1042年）奉命出使宋朝，通过外交施压，迫使宋廷同意增加岁币银十万两、绢十万匹。重熙十一年（1042年），辽兴宗以强兵压境，命耶律仁先和辽代著名汉臣、翰林学士刘六符出使宋朝。通过谈判，所争议的"十县之地"仍归宋所有，但宋在"澶渊之盟"的基础上向辽"年增绢一十万匹，银一十万两"。此后，宋辽再没有发生过大的冲突，直至辽灭亡。

在《天龙八部》中，萧峰曾经帮助义兄耶律洪基平定了辽国南院大王联合皇太叔的叛乱，这虽然是金庸先生的艺术创作，但在历

辽宁省博物馆收藏的耶律仁先墓志铭（供图：石钊钊）

史上也确有其事。清宁九年（1063年）七月，辽道宗前往太子山秋猎期间，皇叔耶律重元父子趁机起兵谋反，在滦河围攻行宫，史称"滦河之变"。据相关史料记载，叛乱初起，道宗束手无策，一度想要逃离。在皇太后萧挞里与耶律仁先的坚持和组织下，在积极顽强抵抗的同时又秘密派人向外求援，他与南、北院大臣同心协力，率宿卫士卒数千人御敌，成功射杀了耶律重元之子涅鲁古，扰乱了叛军阵脚。然后召集距离行宫最近的萧塔剌率军应援，叛乱最终以耶律重元自杀而告结束。因平叛有功，耶律仁先被道宗尊称"尚父"，晋封"宋王"，并获封北院枢密使。

宗教见证人文地标

佛教自东汉明帝时进入中国后，经历了三国两晋、十六国南北朝、隋唐到宋代，达到鼎盛。与宋鼎峙而立的辽，在与宋的接触交往中，不可避免地受到了相对先进的汉文化的影响，而此时中国化的佛教也在相当程度上影响了辽的社会经济发展。同时，契丹也正面临着由民族到国家的转型，为了确立和稳定其统治，其决策者势必要采取有效的措施来稳固辖下各民族，尤其是居于人口多数的汉民族。因此，佛教作为各民族共同的心理纽带发挥着重要的凝聚作用。辽后来亡于金，金又亡于元。从金末元初起，士大夫阶层中就流传着"辽以释废，金以儒亡"的说法。后人把契丹亡国的原因全部归咎于佞佛，虽有些言过其实，不过有辽二百余年，佛教确曾对这个少数民族政权产生了极大的影响。

辽太祖、太宗时期，佛教就备受重视，得到鼓励和扶持。辽太祖三年（909 年），"诏左仆射韩知古建碑龙化州大广寺以纪功德"。耶律德光在帮助石敬瑭入主中原后，北返途中于幽州大悲阁见到白衣观音像，指着佛像说："我梦神人令送石郎为中国帝，即此也。"因此下令将观音像迎回契丹祖地木叶山建庙供奉，"春来告赛，尊为家神"。其后的兴宗对佛教更加推崇，"尤重浮屠法，僧有正拜三公、三师兼政事令者，凡二十人。贵戚望族化之，多舍男女为僧尼"。兴宗之后的道宗皇帝，更是一个虔诚的佛教徒，史载："白银千两，铸二佛像，威武庄严，慈心法相。保我辽国，万世永享，开泰寺铸银佛，愿后世生中国。耶律洪基，虔心银铸。"

辽太康元年（1075 年），道宗还"命皇太子写佛书"。苏轼的弟弟苏辙曾经出使辽国，回国后在向皇帝的报告中说："北朝皇帝好佛法，能自讲其书。每夏季辄会诸京僧徒及群臣，执经亲讲。"道宗时代的佛事活动为辽历代皇帝之最，元朝史官曾对其作如此评价："一岁而饭僧三十六万，一日而祝发三千。"受这些帝王的影响，整个辽国上至王公贵族，下至黎民百姓，都普遍尊崇佛教。辽代时期的北京佛刹林立，庙院遍布，契丹上层贵族慷慨向寺院布施捐赠。辽代的贵族还潜心钻研佛学，佛事活动众多，大量刊印和刻写佛经，并在各地广泛建造佛寺佛塔。

凡事过犹不及，辽朝上下对佛教过度尊崇，将大量财物用于营建寺院和宗教活动，大量人口出家为僧，这些都严重超出了当时社会的正常承受能力，加剧了社会危机。同时，佛教禁止杀生等教义也潜移默化地影响了契丹人的日常生活和精神世界，让这个原本骁勇善战、以武立国的马上民族变得文弱和萎靡。苏辙就认为"契丹之人，缘此诵经念佛，杀心稍悛。此盖北界之巨蠹，而中朝之利也"。由于过度佞佛，加上统治阶级骄奢淫逸，严重削弱了辽的国力和统治基础。1125 年，辽被其曾经统治的女真人建立的金灭掉。

　　佛教扎根中国，对社会产生了广泛而深远的影响。辽代社会也是如此，今天所见辽朝文化遗存中有关佛教者众多。北京房山云居寺现存隋朝至明末石刻佛经 14620 版，其中属辽朝所刻者至少有五六千版。辽朝后期还以雕版印刷术刊印汉文《大藏经》，以帙简部轻、纸薄字密著称，号为"契丹藏"或"辽藏"。辽代佛教建筑今存蓟县独乐寺观音阁、山西应县木塔、内蒙古宁城砖塔、呼和浩特万部华严经塔等，均具有很高的建筑学水平和文物价值。

京西名刹西峰寺中的明清石碑和溥儒刻石

京西名刹西峰寺坐落在北京市门头沟区永定镇岢罗坨村的李家峪，与戒台寺、潭柘寺遥遥相望。西峰寺创建于唐，属于戒台寺的下院。元代时因寺"内有胜泉涌出不匮，外有山岚环绕如帷"，改名为玉泉寺。明正统元年（1436 年）惜薪厂掌厂太监陶镕出资重修，明英宗赐名"西峰寺"。清乾隆年间，该寺因发生了震惊朝野的"西峰老祖活佛案"而日渐凋敝。后来西峰寺成为中国地质环境监测院的办公地。

西峰寺现存石桥、山门殿、天王殿、毗卢殿、如来宝殿以及两厢回廊禅房三十余间，留存下来的有明代石碑、清乾隆年间刻石、恭亲王之子载滢地宫、载滢墓地界桩、溥儒刻石等。

西峰寺如来宝殿

石碑上的官司　从宛平县一直打到顺天府

西峰寺现存三通明代石碑，分别是明英宗正统四年（1439年）立的"敕赐西峰禅寺碑记"碑、"重建西峰禅寺记"碑和隆庆六年（1572年）立的"敕赐西峰寺碑记"碑。它们记载了西峰寺

西峰寺三通明代石碑

的历史沿革、隆庆年间的重修经过、寺院田产等内容，对了解明代京城附近佛教寺院的布局、管理，以及佛教发展等都具有重要参考价值。这三通石碑原立于寺外，保存比较完好。2003年秋，国土资源部培训中心扩建工程竣工后，将它们移到院内古银杏树前的草坪上保护。

"敕赐西峰寺碑记"碑为东面的一通碑，隆庆六年（1572年）九月立。碑阳碑文介绍了正统年间，惜薪司太监陶镕重修西峰寺，由景泰、天顺、成化、弘治、正德、嘉靖直到隆庆年间，历经七朝六代皇帝，一直由惜薪司派人管理。隆庆四年（1570年），经请示朝内总理太监李庆勋，惜薪司再次对西峰寺进行大规模修缮，并在西峰岭南坡开垦空地一段。碑阳碑文记载了当时惜薪厂近三十个部门、五十多名太监主管捐资的情况。

碑阴碑文刊刻了西峰寺历史上较大的一次诉讼。封建时代，寺庙往往占有大量的田地和财产。除皇家赐田和社会各阶层信徒的资助与施舍两种方式之外，寺庙还通过自己购买、开荒、兼并等方式，获得田产并逐渐扩大规模。正是该寺开辟的这一块土地引发了这次诉讼，官司从宛平县一直打到顺天府。隆庆四年（1570年）二月，房山县太平里村民高自本一纸诉状告到宛平县衙，说原山坡土地归自己所有，每年向县衙交纳粮草，西峰寺侵占了自己的土地，要求西峰寺每年给予补偿粮草若干。宛平县衙接到高自本的诉状，一纸文书传到西峰寺，当时该寺管事僧人性宝闻听此事，又将高氏村民告到顺天府。顺天府又差人委派宛平县京西乡老人杨大民调查此案。经查，西峰寺属宛平县地方，与房山县无干，土地又是山地，根本无法耕种。按照杨大民的报告，宛平县衙做出判决，"其山坡不堪耕种，原无粮草"。高自本控告西峰寺"清理难干"，于是将高氏

"正其罪"。后来，朝廷专门发布敕谕公告乡民，明确新开垦的山坡地仍旧归西峰寺所有，并立碑刻石。

陈观礼刻石　千年古银杏树下发古幽思

自明成祖朱棣迁都之后，随着北京城的营建，城内百姓增多，寺庙也日益增多，数量位居全国之首，有"寺庙甲天下"之称。在这些寺庙中，如潭柘寺、红螺寺、大觉寺、五塔寺等，大多有古银杏树相伴。西峰寺如来宝殿东侧的辽代古银杏树，树龄约 1200 年，是西峰寺最古老的"绿色文物"。这棵树是雌株，树高 35 米，胸径 766 厘米，平均冠幅 24 米，遮阴面积约 1 亩，是一级古树，编号 110109A00180。每年 11 月上旬是其最佳观赏期，溢彩流金，蔚为壮观，深藏于京西群山之中，鲜有人知。

西峰寺乾隆乙巳年（1785 年）陈观礼题诗碑

树下立有清乾隆乙巳年（1785 年）北平陈观礼五言诗刻石，
20 世纪 80 年代，此刻石被断落的巨枝砸中，碎成五块。石上镌刻
五言诗二律："鸭脚江南树，初闻炎宋时。绛囊驰贡后，银杏锡名
宜。干历冰霜久，心惊世代移。住将南渡恨，说与寺僧知。无复宜
城态，幽燕古色侵。好花开向夜，孤植自成荫。别有雌雄盛，难窥
天地心。钟声画远籁，风雨一时深。乾隆乙巳南至前一日，题白果
树于寺之东檐下，北平陈观礼"。诗中的"鸭脚江南树"，借用北
宋欧阳修的"鸭脚生江南，名实未相浮。绛囊因入贡，银杏贵中州"。
"鸭脚树"，其实就是大家熟悉的银杏树。

金秋时节的西峰寺辽代古银杏树

陈观礼，顺天宛平县举人，嘉庆五年（1800 年）任靖远县令，
他对家乡的西峰寺十分熟悉，情有独钟。乾隆朝晚期，被史家公认
为清朝开始由盛转衰，康雍乾盛世已趋尽头。当时烈火烹油的盛世
外表下，隐藏着巨大的社会和政治危机，可谓"风雨一时深"。诗中，
诗人陈观礼把京西古刹西峰寺和寺内的古银杏树"孤植自成荫""钟

声画远籁"的幽燕古色,与史上宋室南迁的"南渡恨"及"天地心""世代移"等联系起来,发古幽思,以古鉴今,立意高远。

载滢地宫　恭亲王次子的长眠之地

在中国近代史上,恭亲王奕䜣是一个炙手可热的人物。英法发动第二次鸦片战争后攻入北京,咸丰帝仓皇出逃到了承德避暑山庄,后病死于此。受遗命辅政的肃顺、端华、载垣等"顾命八大臣"做派强势,与咸丰的两位遗孀慈安、慈禧太后发生激烈冲突,双方势同水火。两宫太后联合自己的小叔子恭亲王奕䜣发动"辛酉政变",又称"祺祥政变",一举铲除了肃顺等人。奕䜣因为在政变中做出了巨大贡献,受封议政王,领衔主持中枢政务。

为挽救统治危机,在皇族中少有的开明人士奕䜣、文祥等朝廷大员的支持和倡导下,地方实力派曾国藩、左宗棠、张之洞、李鸿章等以"自强""求富"为口号,开办了以引进西方军事装备、机器生产和科学技术为主要内容,以富国强兵为目的的自救运动,史称"洋务运动"。后来,慈禧太后与恭亲王因权力之争矛盾激化,奕䜣被罢黜。

为了避难养疾,赋闲在家的恭亲王在京西戒台寺留住了十年之久。在此期间,他出资对戒台寺进行了修缮,捐巨资修建罗汉堂、千佛阁等庙堂。光绪十年（1884年）,奕䜣又捐巨资为戒台寺赎回庄户一所,土地七顷有余,缓解了戒台寺巨大的经济压力,使寺僧衣食有了保障,庙宇得以维修。为感念他的功德,当时的住持达文和尚将下院西峰寺赠予恭亲王作为其陵寝之地。恭亲王还出资修建了西峰寺殿堂，营造了"地宫"。后来，奕䜣再次被起用，重返政坛。他去世后，朝廷在昌平给他赐予了墓地，因此奕䜣和他的家人大多埋葬在昌平区崔村镇麻峪村，此地宫一直闲置。

载滢是奕䜣的次子，生于清咸丰十一年（1861 年）二月初一，卒于宣统元年（1909 年）八月十六日，享年四十九岁。宣统元年（1909 年），恭亲王奕䜣的次子载滢去世后，载滢的长子溥伟承袭了恭亲王的爵位，于是与其弟溥儒将其父葬在了西峰寺的地宫，并将原茶棚院改建为阳宅。清代的丧葬等级制度非常严格，不可僭越，只有皇帝才能有地宫，其余人是不能有的。载滢去世时，社会较乱，清政府已无暇顾及，加上溥伟又袭了恭亲王爵，故而才能将其父葬于西峰寺地宫之内。溥伟兄弟二人将西峰寺改为载滢的陵寝，并圈定界址，制作界桩。现在西峰寺北岭还保存着两根石界桩。后来，辛亥革命爆发，陵园工程尚未彻底完工，享殿宝顶还未盖上，砖瓦石料被挪作他用。

西峰岭园寝石界桩

　　载滢地宫位于如来宝殿后侧,殿后的台阶将地宫宫门隐蔽起来,东侧就是那棵千年古银杏树。地宫坐北朝南,由大块青石砌成拱券结构。墓门门楣为一块巨大的长方形铸铁,墓门由整块青白石雕成。棺床前常年积水,自棺床至墓门架桥相通。载滢地宫在 20 世纪 30 年代被盗,50 年代中后期地宫被打开时,在地宫的金井内发现一枚金钱,棺床上并排摆放三口棺具。后来,门头沟区政府对地宫进行了整修,并于 1981 年公布其为该区第一批文物保护单位。

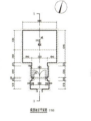

西峰寺清末恭亲王次子载滢地宫　　西峰寺清末恭亲王次子载滢地宫测绘图
（绘图：熊炜）

溥儒刻石　藏在密林沟壑间的王孙书法珍品

　　在西峰寺院外北侧约 500 米的岢罗坨村北沟,这片人迹罕至的密林峡谷中,目前共发现五块天然岩石上镌刻着七处溥儒题刻（含两处单/双字题刻）,共计九十一字。这些刻石书法融合楷、行、草三种书体,字体结构内紧外松,行笔圆润流畅。题刻内容既有"飞

西峰寺北沟"飞云岩"石刻

云岩""倚云"等命名题记，也有"长空无片云，皎皎一轮月"等即景抒怀的诗句，虽内容各异却意境相通，字里行间形断而意连，展现了溥儒深厚的书法造诣。

京西岢罗坨村北沟溥儒摩崖刻石统计表（含诗文与书法特征）

序号	内容	位置	题刻及诗文内容	特征
第一处	"飞云岩"石刻	起始处独立岩石（第一块岩石）	单字题刻，无诗文内容	
第二处	"长空"诗刻	第二块岩石	"长空无片云，皎皎一轮月。□□满西山，千峰尽成雪。丙辰秋月 心畬"	字体楷、行相间
第三处、第四处	"翛然""滚雪"石刻	第三块岩石	第三处在岩石西侧书"翛然 心畬"，该石另一侧（第四处）又书"滚雪"	草书、楷书字体

序号	内容	位置	题刻及诗文内容	特征
第五处	"趺坐"诗刻	第四块岩石	"趺坐岩树间，松下云来往。不闻人语喧，但听钟声响。丙辰秋月题石　心畬"	字体行、楷相间
第六处、第七处	"倚云"石刻及"云静"诗刻	第五块岩石	第六处为"倚云"石刻，该石另一处(第七处)题"云静"诗刻："云静石梁悬，花疏竹篱短。秋雨一夜寒，山中红叶满。又题。"	字体行、草相间

溥儒（1896—1963），恭亲王奕䜣次子载滢之子，道光皇帝的曾孙，为侧室项氏所生。光绪帝赐名溥儒，后来取字为心畬，号西山逸士、羲皇上人、松巢、旧王孙、岳道人等，室名为省心斋、寒玉堂。作为皇室子弟，溥儒自幼接受国学教育，七岁开始学诗，曾被慈禧称赞为"本朝神童"。溥儒诗文书画无一不精，三十岁与张大千齐名，称"南张（大千）北溥（心畬）"，后又与著名书画家吴湖帆并称为"南吴北溥"。到台湾以后，他与张大千、黄君璧合称"渡海三家"。张大千对溥儒的评价非常高，称赞说"中国当代有两个半画家，一个是溥心畬，一个是吴湖帆，半个是谢稚柳"。

辛亥革命后，军阀混战，天下大乱。载滢的夫人带领家人来到戒台寺避难。1912 年，十六岁的溥儒在母亲的督促下，在西山隐居读书。"山居十年"是他取得艺术成就的关键十年。清王朝的灭

西峰寺北沟"倚云"石刻及拓片

西峰寺北沟"翛然""滚雪"石刻及拓片

西峰寺北沟"云静"诗刻及拓片

西峰寺北沟"趺坐"诗刻及拓片

亡，使得溥儒的身份由皇亲贵胄变为清朝遗民，跌宕起伏的人生，也造就了他独特的个性人格与艺术面貌。

溥儒善于运用意象借物抒情，这与中国古典诗词传统一脉相承。西峰寺这七处溥儒刻石，诗中有画，画中有诗，是他埋首文翰，善藏高隐，避于乱世的写照。"翛然""千峰尽成雪"，有着出尘绝世、游心物外的寂寥苍凉；松柏经常出现在溥儒的诗作和绘画中，龙是帝王皇家身份的象征，他以松喻龙，通过隐喻的方式去表达自己的身份。"松下云来往"，清寂古隽，俊逸雅致。诗文书画的主题往往能反映画家的心境和观念，作为帝胄之后的"旧王孙""滚雪"反映溥儒故国之思和个人际遇的心境，最突出的是文人精神。

居庸关脚下的『仙枕石』

在北京市昌平区南口镇三堡村南公路东边的关沟河滩中，有一块近似方形的花岗岩天然巨石，因石上书写有"仙枕"两个隶书大字，被称为仙枕石。此处南为居庸关，北是弹琴峡，是关沟中山势最为

居庸关关沟河滩中的仙枕石刻

险要的地方，被称为"关沟七十二景"之一。此石颜色泛红，高 4.05 米，长 11 米，宽 10.7 米，五六十平方米的石面上有大小 28 个圆眼。

仙枕石上的"仙枕"二字，落款是"吕贲书"。紧邻"仙枕"二字左侧有一幅纪事刻字，即许论石刻，刻幅高 2.28 米，宽 1.06 米。再往旁边残存有元代藏文摩崖，为六字真言的最后一字，由此推测明代题刻是将藏文磨去后所刻。该藏文摩崖石刻边框上残存的卷草纹，具有明显的元代风格。

仙枕石的南侧刻有"太行散人"所作的两首五律诗，并有小序，刻幅高 2.56 米，宽 1.62 米。文中说他春日游八达岭，有人向他介绍仙枕和琴峡两处古迹，他便前去查访游览。他只找到了"仙枕"一处，并在仙枕石上题了两首五言古诗。

一块巨石上有如此丰富的历史文化信息，有众多的历史文化名人，不但在北京地区罕见，在全国范围内也属珍稀。因为其兼具文化内涵与历史价值，故弥足珍贵。

天下雄关，京畿锁钥——居庸关

仙枕石所在地方，是北京北面的最后一道关口和门户——居庸关。居庸关是京北长城沿线上久负盛名的古关城，自古与嘉峪关、山海关齐名。居庸关位于太行山脉与燕山山脉两山夹峙、山形陡峭

居庸关一带的长城

的关沟之中，距北京一百余里，是北京通往塞外的重要关口，设有南北两个外围入口，作为南北门户。南口距北京四十余公里，为居庸关关沟的入口。北口即现在的八达岭口，即八达岭关城。《金史》中记载："中都（金首都，即今北京广安门一带）之有居庸，犹秦之崤函（古代地名，崤山与函谷关的合称），蜀之剑门也。"意思是中都有居庸关，就如同秦地有崤山和函谷关、蜀地有剑门一样，是首都西北的门户和屏障。

　　早在春秋战国时期，扼守此处的燕国在此修筑要塞，人称居庸塞，为燕长城的重要门户。秦始皇统一六国后，征发大批囚犯、士卒和民夫修筑长城，后人从"徙居庸徒"提炼出居庸二字，遂作为

居于两山夹峙、山形陡峭的狭谷之中的居庸关（供图：熊炜）

关名。正因为居庸关筑在这样一个深山峡谷（关沟）中，所以也就成为"控扼南北之古今巨防"的军事攻防重地。自唐代以后，北方少数民族日趋强大，辽、金、元三代，契丹、女真、蒙古族先后在北京地区建立了辽南京、金中都与元大都，北京也从中国的北方重镇逐步演进到全中国的首都。居庸关历来是兵家必争之地，历史上的居庸关曾发生过许多大小不等的战役。北京城多次危急存亡的节点、无数征伐与抵抗，都发生在这条狭窄的峡谷之中。

定都北京的元、清两朝分别是蒙古族和满族建立的政权。与辽（契丹）、金（女真）等北方王朝相似，这些政权兼具草原游牧与中原农耕的二元治理特征：既能依托中原资源巩固统治，又可通过草原通道保持战略机动性。但此类政权常将统治重心置于中原，反而对北方草原防务关注不足。以北京为核心的北方防务体系在不同历史阶段呈现矛盾性：宋太宗两次北伐辽朝（986 年）、元末红巾军北伐（1357 年）及明初徐达攻克元大都（1368 年）等战役，均体现出中原政权对北方的军事压力。这些案例表明，当北方游牧政

居庸关内元至正年间的过街塔基座

权深陷中原治理时，其传统军事优势往往被削弱，甚至反需应对来自南方的战略威胁。

金和清虽然也是少数民族建立的政权，但他们与辽和元的一个很大不同是，女真族和满族都是崛起于东北地区，兼存渔猎、放牧和农耕等多种生存方式。他们与北方草原的蒙古人大多数时间是合作关系，金亡于蒙古，即使后来的清一直宣传"满蒙一体"，但在内心深处从未放松过对来自草原方面威胁的戒心。明朝是推翻蒙古人建立的汉人政权，后来亡于清，从它建立那天起，就一直把防备草原上的蒙古族残余势力作为头等大事。朱棣五次出征草原，后来又把都城从南京迁到北京，首创"天子守国门"。在这种情况下，长城和居庸关的重要作用再次凸显。因此，从明朝以后，历代帝王都不遗余力地加强对长城的修缮和居庸关的防务。

因为居庸关重要的地理位置，历史上在这个重要关口发生过许多历史大事和军事行动，有些甚至改变了中国历史的走向。明朝推翻元朝之后，元军残部多次骚扰边境。洪武年间，朝廷命大将徐达修筑居庸、山海等关隘，筑墙设防，以拱卫北平。明代中期，由于"土木之变"和"庚戌之变"，北京两次遭到蒙军围攻，经过激战，明军获胜，但北方的威胁一直是朝廷的心腹之患。1644年，李自成大军分两路进取北京。其中李自成本人亲率大军攻破居庸关后，进抵北京城下，崇祯帝吊死煤山（景山），明朝覆亡。七七事变后，日军迅速侵占平津，随即沿津浦、平汉、平绥三线进犯，扩大侵略。南京国民政府为阻敌进犯，以傅作义、汤恩伯、王仲廉、王万龄等部在平绥路方面组织了著名的南口战役，给日军以沉重打击。

刻石纪功的明嘉靖朝兵部尚书许论的故事

　　从西汉名将霍去病深入大漠击败匈奴，在狼居胥山勒石纪功开始，到东汉大将军窦宪大败北匈奴，在燕然山刻石纪功，此后历代军人都把封狼居胥、燕然勒石作为军人的最高荣誉和理想。凡取得战争或战斗的胜利，大多会勒石纪功，以期传之久远。在仙枕石上就刻有这样一段记载明朝嘉靖年间兵部尚书许论击败蒙古军队的往事。

　　嘉靖年间，皇帝崇信道教，长期闭关自修，朝局混乱，严嵩专权，南方倭寇作乱，北部鞑靼骚扰，明朝经过嘉靖初年的短暂复兴后，再度步入衰退期。这一时期正是也先、鞑靼经常进行骚扰的时期，也是明长城修筑得较多的时期。今天八达岭关城"居庸外镇"就是在嘉靖十七年（1538年）修成的。嘉靖三十四年（1555年），在明朝北部边境发生了一次军事冲突，此战明朝最高军事长官即兵部尚书许论，亲率两万多明军从居庸关入援古北口，激战后取得胜利。

　　大胜之余，许论难掩心中喜悦之情，慨然命笔，就其地勒石记事，于是在仙枕石上刻石以示纪念。"嘉靖乙卯三月十二日，虏犯古北口，奉命率三镇兵二万余众，由居庸关入援。廿二日虏败遁，廿五日班师，取道怀来，即归阳和。总督军务兵部尚书灵

仙枕石上的明代嘉靖朝军事尚书许论石刻

宝许论题。"其中乙卯为嘉靖三十四年（1555年），三镇为宣府、大同和蓟州。题记记述了战争爆发的时间、经过，己方兵力数量、军事调动，行进路线和作者的职务、籍贯，文字寥寥数十字，内容却十分丰富。石刻字体行草相间，遒劲有力，大气磅礴，酣畅淋漓，雄奇壮美，尤可见作者平生襟怀，于豪放之中兼有旷达之风。

许论（1495—1566），字廷议，河南灵宝人。其父兄六人同为朝廷重臣，兄弟五人均为明弘治、正德、嘉靖年间进士，可谓"五子登科"。其父许进，字季升，明成化二年（1466年）进士，历任山西大同巡抚、兵部尚书、吏部尚书，文武双全，政绩卓然，还著有《平番始末》传世。

许进父子六人及其众多后人，在明成化、弘治、正德、嘉靖四朝的一百多年间，先后有两人任兵部尚书、一人任吏部尚书，还有其他许氏子弟出任御史大夫、文渊阁大学士、翰林院修撰、皇帝侍讲学士、太子太傅等要职，家族当时有"许半朝"之称，灵宝许氏也被誉为中原的名门望族。

许论为嘉靖五年（1526年）进士，在嘉靖年间曾两度出任兵部尚书，是当朝著名的军事家。许论一生为保卫明王朝，北拒蒙古入侵，驰骋疆场，威震朝野，深得嘉靖皇帝赏识。以军功加太子太保，谥"恭襄"。一生著有《九边图论》三卷、《九边考》十卷等研究边事的著作，《明经世文编》中有《许恭襄公边镇论》一卷。诗词文赋则收入《默斋集》四卷。另《明词汇刊》录有《默斋诗余》一卷。许论多参与北方边塞战事，故其诗作颇见慷慨壮志。

许论第一次任职兵部尚书的时间为嘉靖三十五年（1556年）正月至嘉靖三十七（1558年）年三月。嘉靖三十五年（1556年），兵部尚书杨博因父丧离京，朝廷决定由许论赴京代职。不久，蒙古俺答汗的儿子辛爱因明朝总督杨顺收纳他的逃妾而发兵包围大同右卫城。嘉靖皇帝闻讯后十分忧虑。严嵩请求皇帝降谕旨征求将领们的意见。许论请求恢复大同右卫军马，岁办五十万两黄金为军饷。嘉靖立即措饷发兵。大同右卫之围解除后，给事中吴时来弹劾杨顺，并告许论治边不力。许论因而解职。嘉靖三十八年（1559 年），许论恢复原职，奉命督办蓟州、辽东、保定的军务。不久，蒙古酋长把都儿率部侵犯蓟西。许论厚集精锐，先后在蓟西、沙儿岭、燕子窝等地击退把都儿所部。捷报传来，皇帝以重金奖励许论。由于给事中郑茂和邓栋奏报许论有虚报冒领饷银之过，战场得意、官场失意的许论再一次在大胜之后被削去官职。嘉靖四十五年（1566 年）冬十月，许论亡故。隆庆初年（1567 年），穆宗皇帝恢复了许论的名誉和官职，追谥"恭襄"。

明朝对蒙关系及九边防御体制

有明一代，明朝与蒙古隔长城相望，烽火不绝。朱元璋、朱棣父子时代，对蒙古采取攻势战略，明军频繁出塞，打击其残余势力，蒙古诸部逐渐分裂为瓦剌、鞑靼、瓦良哈三部。

朱棣之后，明朝与蒙古长期处于军事对峙状态，为应对北方蒙元残余势力对中原的威胁，明廷沿长城一线在北部边境建立九边防御体制，东起鸭绿江，西至嘉峪关，由东至西设立辽东、蓟州、宣府、大同、山西、延绥、固原、宁夏、甘肃九大军事重镇，屯兵驻防，抵御外敌。

明英宗时期，由于贸然出兵土木堡，五十万明军主力被瓦剌围奸，英宗被俘，瓦剌大军进逼北京，明朝由此陷入建国以来最严重的军事政治危机。在兵部尚书于谦等人的坚决抵抗下，虽取得了北京保卫战的胜利，但国力比前朝已大大衰减。此战使明朝与蒙古的关系也发生了很大改变，就明蒙战略态势而言，明朝由前朝的主动转为被动，由进攻转入全面防御。战后，蒙古骑兵经常南下骚扰劫掠，明廷依托九大重镇，采取"胡萝卜与大棒"并用的政策，对蒙古各部开展控制贸易，以软硬两手的方式，对蒙古各部分化瓦解、各个击破，实现不战而屈人之兵的效果。

嘉靖帝以藩王身份承继大统，即位伊始又与太后和朝臣们龃龉不断，因此他必须开创新象、有所作为方能坐稳皇位。在此背景下，对蒙强硬、巩固京师安全、加强长城一线防务被摆在了重要位置。嘉靖帝的堂兄明武宗在位期间，宠信刘瑾、江彬等奸佞，把国家搞得乌烟瘴气，北部蒙古诸部频繁入侵，东南沿海倭寇之患猖獗。嘉靖初期，杨廷和、杨一清先后任内阁首辅主持朝政，在他们的主张下，明廷重新采取"固守边疆"的全面防御政策，即所谓"按兵秣马，锋利器械""慎封疆，守要害，设险自固，以逸待劳"，对蒙古严密防守，并不主动出击。在这一方针政策的指导下，明朝开始大规模修筑并整顿长城的防御工事，以边墙作为防御蒙古侵掠的一项主要手段，虽不能从根本上解决蒙古不断南下威胁明朝北部边境的问题，但也让蒙古在面对以九边为重点的明朝防御体系时无可奈何。

嘉靖中后期，以夏言、严嵩为首的两派政治势力斗争激烈，对蒙政策或主张往往出于一己私心，常被他们拿来用作争斗的工具，甚至利用民族政策来大做政治文章。其结果是明朝于这一时期在如何处理蒙古的问题上缺乏明确而一贯的思路，更谈不上正确而稳定的政策。朝廷重用胡宗宪、戚继光、俞大猷等将领，经过较长时期的激战，终于消除了倭患。但北方的蒙古势力日盛，而明廷对蒙政策的摇摆不定也让地方官员无所适从，欲守无力，欲战不能，欲贡不允，结果只能是"战守无策，专事蒙蔽"。

嘉靖二十九年（1550年）的"庚戌之变"是明中期的一个重大事件，是明朝在"土木之变"百年后经历的又一次严重危机。蒙古土默特部首领俺答汗在多次遣使请求明廷开放朝贡贸易未果后，出兵北京，直抵京郊通州，围困三天后撤离。次年，明朝被迫开放宣府、大同等地，与蒙古进行马匹交易。不久，明朝单方面关闭马市，双方又多次开战。许论担任兵部尚书期间明朝与蒙古发生的这场战争，就是这一历史时期双方关系的一个缩影。直到俺答汗的孙子因为祖父夺取了他的未婚妻三娘子一事引发的家族矛盾而投奔明朝，明廷以此为契机，与俺答汗、三娘子进行谈判，双方缔结和约，结束敌对开展贸易，维持了较长时期的和平。

中国有句古语：将门出虎子。许论的孙子许茂杞颇具祖父遗风。万历六年（1578年）秋，时任昌镇游击都指挥的许茂杞巡哨到响水湖长城入口处的磨石关口，看到长城雄踞、蜿蜒曲折，感叹地势险要、鬼斧神工，不由豪情勃发，挥笔题下了"天设金汤"四个雄浑端庄的大字。

沧海桑田，斗转星移，许论和他的孙子许茂杞这两位保家卫国的英雄军人虽然早已作古，但留有他们墨宝的仙枕石和"天设金汤"摩崖石刻，都成了京城长城的重要名胜，成为北京市的重要文物，继续供后人游览观赏。2003年，仙枕石刻被昌平区人民政府公布为区级文物保护单位。

从北京『漂』到山东的『孔庙碑王』

　　山东曲阜是我国伟大的思想家、教育家，儒家学派创始人孔子的故乡。在圣人故里，以"三孔"（孔庙、孔林、孔府）为中心，遍布有七千余通历代的石碑，其中仅孔庙一处就有从唐至民国近一千四百年的石碑一千余通，包括御制碑、修庙碑、祭庙碑、功德碑等。这些刻有文字或图案的石碑是中国传统文化特别是儒家思想的重要载体，也是弥足珍贵的物质文化遗产。

　　在曲阜地区众多的石碑中，有一通立于孔庙十三碑亭内的康熙帝御制碑，因其皇家御制、体量庞大、材质精良、雕刻精美，被誉为"孔庙碑王"。这通碑王还有一段鲜为人知的传奇经历。当年它先从北京沿大运河运至济宁，再从济宁上岸，由陆路运往曲阜孔庙，一路水行陆运，颠簸辗转 400 多公里，惊动帝国大小官员之众、耗费人力物力财力之多、影响之广泛深远，在孔庙历史乃至中国文化史上都留下了浓墨重彩的一笔。

从帝都北京到阙下圣人故里

　　康熙帝御制碑位于奎文阁后、大成门前十三碑亭北面东起第三座碑亭内，立于康熙二十五年（1686 年）。此碑是十三碑亭中最大的一通，青白石质地，螭首龟趺，下承海墁，通高五米，方形碑额处用篆书题写"大清皇帝御制阙里至圣先师孔子庙碑"十六个字，四周界栏上刻有精美的龙纹图饰。碑文洋洋洒洒四百七十二个字，记录了康熙帝仰慕先师孔子高山景行，亲幸阙里拜谒孔子之事，表露出康熙帝对孔子的尊崇。

　　康熙二十五年（1686 年）正月，刚过而立之年的康熙帝，在剪除鳌拜、平定"三藩"、收复台湾后正意气风发，以极大的热忱开始把注意力转移到包括文化建设在内的国内治理上，敕赐御制碑就是他尊孔崇儒的一个重要举措。

　　康熙帝不辞辛苦，以帝王之尊亲自到北京西山选定上好石料，御笔亲书碑文，令能工巧匠精雕细刻。经过两个月的紧张赶工，终于制成了这通重达六十五吨的巨碑。二月，

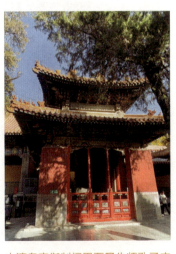

大清皇帝御制阙里至圣先师孔子庙碑碑亭（供图：周龙涛）

命人把雕刻好的石碑运到通州运河码头，并且赐给衍圣公孔毓圻库银六百五十两，作为运碑时造旱船之用。四月中旬，运送御碑的船只自北京通州出发，沿京杭大运河一路南行。直隶巡抚于成龙令所过之处协助牵挽，山东巡抚张鹏令济宁以北沿河州县各司到运河协助运输。四月二十一日，衍圣公孔毓圻到张秋迎接御碑。三天之后，御碑被运送到了济宁，放置在济宁城南。五月，御碑由水上起到陆地。

北京通州和合驿遗址（供图：刘雷）

这次运送御碑的过程，大张旗鼓，兴师动众，异常艰辛。时年四月中旬，衍圣公孔毓圻根据御制碑的大小和重量，利用朝廷拨款，特制了四辆旱船，并组织人员搭桥、修路。待到隆冬腊月，天寒地冻，泼水为冰，孔府征调民工六百多人，征用五百多头牛，让承载石碑的旱船在冰道上缓慢滑行。前面有人打旗、鸣锣开道，后面有车子运输着粮食、牛饲料以及炊具等物品。百余里的路程足足走了半个月，于十二月二十日把御碑运送到了曲阜，安放在庙廷内，终于到了这次行程的目的地。接着又拨库银五百两建造了碑亭，最后才把御制碑文镌刻于石碑之上。乾隆年间的《兖州府志》记载："二十五年正月，圣祖于西山亲选碑材命工采运。二月碑成，四月自通州发遵运河而南，五月至济宁，碑登于陆，十二月车运至曲阜，诏立碑于圣庙大成门左。"

康熙二十六年（1687年）十一月，康熙帝亲临曲阜孔庙，举行了隆重的拜谒孔子祀典，以天子之尊在孔子塑像前行"三跪九叩"大礼，宣读御制祝文，并赐手书"万世师表"四字匾，悬额殿中。同时下谕"衍圣公孔毓圻，于孔子子弟内选举二人，撰次经书讲义，进呈御览"。

大清皇帝御制阙里至圣先师孔子庙碑（供图：周龙涛）

尊孔崇儒，助儒宣教维护时政

儒家思想在中国流传了几千年，自汉代以来，历代统治者都对孔子加以尊隆并优礼其后裔，而且"历年愈久，恩礼愈隆"，至清代，已是"自古帝王重道崇儒，未有盛于今日者也"。孔子被尊奉为万世师表，孔府、孔庙成为天下士人心目中的圣地，孔氏一族成为穿越王朝更迭两千年连绵不断的"天下第一家族"。

清朝作为一个崛起于关外的少数民族政权，乘时便利，定鼎北京，入主中原，以不足百万的人口、相对落后的政治经济文化条件，成功统治中国二百六十八年之久，一条重要原因就是实行"尊孔崇儒"的文化政策，利用历代中原王朝政治制度和吸引大量汉族知识分子为其统治服务。

顺治帝是清朝入关后的第一位帝王，他保留了前朝对孔府衍圣公所给予的全部特权，入宫朝见时衍圣公的位列也在内阁大臣之上。顺治七年（1650年），授时任衍圣公孔兴燮为太子少保，次年晋升为太子太保兼太子少保。康熙七年（1668年），六十七代衍圣公孔毓圻进京朝见，康熙帝特许年仅十二岁的孔毓圻从皇宫中间的御道上退出，以示优礼。康熙十四年（1675年），又晋升衍圣公为太子少师。雍正元年（1723年），雍正帝追封孔子上五世先祖为王。乾隆帝对曲阜孔家的优渥和赏赐较之前代更为隆重。乾隆十三年（1748年）到五十五年（1790年），乾隆帝曾九次亲临阙里，是中国历史上到曲阜祭拜圣人最多的一位帝王。以后的嘉庆帝、同治帝、光绪帝三位帝王也都对曲阜孔庙进行增修，使得孔庙这一历史文化遗产在有清一代都得到了良好的保护。

特别值得一提的是，在康熙帝之前，从汉高祖刘邦开始，历史

孔庙大成殿前的祭祀表演活动

上共有十位帝王曾亲至阙里，但这些帝王都是派官员代表自己到孔庙孔林跪拜孔子，皇帝本人并不亲自向孔子行礼。而康熙帝在隆重的谒庙礼仪中，不仅亲制祭文，还在孔庙向孔子行三跪九叩之礼。随后康熙帝又到孔林，在孔子墓前敬酒，然后再行三叩之礼，充分体现了对这位素王和圣人的尊崇与敬意。康熙帝除了御笔题写"万世师表"四字匾额，还与衍圣公孔毓圻、国子生孔尚任讲论儒学。康熙帝看到曲阜孔庙的建筑年久失修，花费白银九万余两、历时一年多进行了修缮。工程竣工后，康熙帝不仅修碑祝文，还命两位皇子前往曲阜孔庙致祭。

康熙帝对孔子的尊崇，并不是简单地把孔子视为一个崇拜的偶像，而是有更深层次的原因。崇儒重道，是顺治和康熙时期制定的基本文化政策，正如康熙皇帝所说："非师夫子，惟师于道；统天御世，惟道为宝。"其根本目的在于，要以孔子为代表的儒家思想去统一知识界的认识，确立维系封建统治的基本道德模范。康熙帝在执政期间兴文重教，曾多次举办博学鸿儒科。经过几十年艰苦卓绝的努力，使当时的大清帝国成为世界上幅员最辽阔、人口最众多、经济最富庶、文化最繁荣、国力最强盛的大国。正是清廷一以贯之的尊孔崇儒文化政策的推行，有效地聚拢起了包括汉族知识分子在内的各民族的向心力和凝聚力，也保证了其统治的长久和稳固。

裁弯取直后的京杭大运河

中国利用大江大河运输粮食和物资的历史源远流长。在距今五千多年的良渚文化遗址发现的船用木桨，说明当时的先民们已经有了舟楫等交通工具。由于中国地势西高东低，主要河流大多自西向东流，南北水路交通并不便利。但先人们很早就学会了开凿运河，来沟通原本互不相连的水道，尤其是加强南北方向的联系。

早在春秋末年，吴王夫差为了运兵运粮，北上中原争霸，先后修通了沟通江淮的邗沟和连通泗济的黄沟。秦汉大一统时期，著名的灵渠开凿，沟通了长江、珠江两大水系。汉武帝时期，关中漕渠开通，连通渭水、黄河。东汉末年，曹操开凿了白沟运河、平虏渠、泉州渠，这对后来隋代的永济渠乃至京杭大运河的开通都产生了深刻影响。

589 年，隋文帝灭掉南陈。隋炀帝继位后，营建东都洛阳，开凿京杭大运河。历史上指责隋炀帝滥用民力，隋朝二世而亡，诗人皮日休为其抱不平："尽道隋亡为此河，至今千里赖通波。若无水殿龙舟事，共禹论功不较多。"唐代继承了隋朝的建设成果，继续发展运河交通网。唐代运河连接长安、洛阳，与江淮地区间的漕渠、汴水和淮南官河组成的主干交通构成了"奉长安文化为中心、仰东南财富以存立"的唐王朝生命线。

随着国家经济重心的迁移，在唐以后的建都之地从关中向东移动，五代至北宋首都均离不开漕渠汴水（即隋唐的大运河通济渠）。北宋都城汴京位于汴河（隋唐通济渠）枢纽，以汴河、蔡河、金水河、五丈河四大运河为支撑，形成覆盖全国的漕运体系。其中汴河穿城而过，承担主要漕运职能，其余三渠辅助区域物资调配。北宋的运河系统主要就是以开封的漕运四渠为主干，向四周辐射的漕运体系。

元、明、清三代均定都北京，政治中心北移的同时，经济上仍然主要依赖长江下游及东南沿海地区。元朝灭掉南宋后，因隋唐大运河曲折绕道、水陆并用，极为不便。因此，将运河裁弯取直，不再经过河南的开封和洛阳，经山东直接将大都和杭州连通，依次经过山东德州、聊城、泰安、济宁和枣庄五市，较之隋唐大运河缩短了 100 公里。明清时期，朝廷继续对大运河疏浚整治，主要是在扬州至淮安段沿湖开挖月河，使航船完全摆脱了湖区航道。又在黄河北岸挑开了一道中河，使运河不再经行黄河。至此，大运河全线才真正成了一条人工运河。

随着大运河在山东的开通，临清一度成为山东境内最大的城市之一，济宁成为因河而兴的重要城市，小说《金瓶梅》和《水浒传》中的很多故事情节就发生在这里。而大运河经过裁弯取直，才使得康熙帝御制碑这样一个庞然大物得以从北京顺利运抵曲阜。

时光流转，如今的康熙帝御制碑，历时三百多年依然保存完好，已经成为曲阜孔庙石刻文化的重要遗存。有句俗语叫"漂来的北京城"，意思是北京城的出现与发展，离不开大运河上运输物资的船舶。任何人都是生活和活动在一定物质技术条件下的个体，即使是封建时代至高无上的帝王也不例外。试想，如果大运河没有流经山东境内，以当时的物质技术条件，将此碑从千里之外的都城运到孔庙，完全无法想象，亦无可能。

夕阳下的京杭大运河（供图：刘雷）

「康雍乾」三代帝王治河御制碑

前几日，和家人一起到北京长安街最西端的新首钢大桥游览。站在桥头远眺，满目胜景尽收眼底。北京"母亲河"永定河蜿蜒如带，京都第一仙山"石景山"古建筑群巍然屹立，冬奥滑雪大跳台和首钢高炉等网红打卡地游人如织，令人心旷神怡。

回转身，依稀看到大桥北侧永定河东岸不远处，有一处古式建筑，心里顿生好奇。行至近前，发现有一座小房子，周围有铁栏杆围着，南面青白石匾额篆刻乾隆帝题写的"谟肇恬波"。房前立有一个标志牌，上书"北京市文物保护单位　北惠济庙雍正御制碑及碑亭"。碑亭旁边的古树上面挂有绿色的牌子，用手机扫描上面的二维码，出现了"侧柏，清朝，约110年，树高8米"等相关信息。

暮色中的新首钢大桥　　北惠济庙雍正帝御制碑亭

"永定河"由康熙皇帝御赐改名而来

永定河古称灅水，隋代称桑干河，金代称卢沟，明代称浑河，是北京地区最大的河流，因而又被称为北京的"母亲河"。永定河发源于山西省宁武县管涔山天池，流经内蒙古、山西、河北、北京、天津五个省、自治区、直辖市，在河北省怀来县境内与源自内蒙古的洋河汇合，流至官厅始名永定河。永定河自北京门头沟区三家店流入华北平原后，经五里索、麻峪、庞村、水屯等地，经衙门口村南进入丰台区、大兴区后流出北京。清乾隆时期，永定河于天津入海。

永定河水含沙量大，到了夏季、雨季，尤其大水年，更是会裹挟着上游的大量泥沙汹涌而下，河水浑浊，故古代有"小黄河""浑河"之称。旧时永定河水患严重，淤决频仍，河道迁徙无常，几乎年年淹没下游的大片土地，致使百姓流离失所，所以古称"无定河"。在康熙三十七年（1698年）至乾隆二十年（1755年）的五十八年间，永定河下游被动改道六次。唐诗名句"可怜无定河边骨，犹是春闺梦里人"中的无定河，有一种说法认为就是指现在的永定河。

历朝历代都对治理永定河高度重视：上游有曹魏时期建成的戾陵堰、车箱渠，这是北京最早的水利工程；中游有金中都水关遗址、金元时期金口河等；下游有康熙至光绪年间历次治水留存的左右大堤和金门闸等遗址。

北惠济庙是永定河沿线最大的河神庙

帝王敬畏自然万物，对山岳河神多有敕封。历代帝王和朝廷为祈福安居，皆修建永定河的神庙以供祭祀之用。金大定十九年（1179年）封安平侯并于卢沟桥南建惠济庙以祀；元至元十六年（1279年）封显应公惠济公；明清两代皆封河神，并于河道沿线修建二十多座龙王庙。

前人栽树，后人乘凉。康熙年间，于成龙治河的成效惠及永定河两岸百姓多年。随着时间的推移，雍正三年（1725年），海河流域暴雨成灾，沿河多个州县被洪水淹没，庄稼颗粒无收，百姓流离失所。因此，雍正帝派出怡亲王允祥、大学士朱轼领衔统一治理四河两淀。四河指的是永定河、子牙河、卫河、淀河，两淀即河北的西淀（白洋淀）和东淀。至雍正七年（1729年），治河大见成效，天子脚下百姓安居乐业，与四年前的大灾形成鲜明对比。

雍正七年（1729年），朝廷命怡亲王在京西庞村之西兴建永定河神庙，以酬谢河神。次年，北惠济庙建成。该庙坐北朝南，占地百亩，由三进院落组成，是当时永定河沿线最大的河神庙，也是由皇家御赐建成的永定河河神庙。建成后的北惠济庙，原有山门三间，门前石狮子一对，门额为雍正御书"敕建北惠济庙"，以此来区别卢沟桥附近的南惠济庙。

山门内一进院内有雍正御碑亭，《日下旧闻考》记载该碑亭石额上有乾隆帝御书"谟肇恬波"。当年雍正帝亲自撰写碑文，礼敬河神，纪念先人业绩，重点记载了其父康熙皇帝治理永定河的功绩，以此来激励和督导官员重视河务、加固堤防、防止水患。碑亭东西两面为钟楼和鼓楼。碑亭以北为前殿，又称龙王殿，供奉永定河神。殿内匾额上有雍正帝御书"安流泽润"，殿前匾额上有乾隆帝御书"畿辅安澜"。

北惠济庙南券门亭额乾隆帝御笔"谟肇恬波"及拓片

二进院正殿是真武殿，供奉真武大帝，东西配殿三间。三进院内有乾隆御碑亭，院内正北是面阔七间、高两层的藏经楼。东跨院为寺僧居住之所，有僧舍、斋堂和库房，周围是高大的墙垣。

北惠济庙临河岸边，有一尊镇河铁牛，坐北向南，面城背河。据传每逢山洪暴发前夕，这尊铁牛就会持续发出吼叫声，警示人们预防洪涝灾害。古人认为铁牛能镇水怪，铸置铁牛镇河，可保一方安澜。以铁牛或铁犀镇河，也是中国古代治理大江大河的惯用做法。

风流总被雨打风吹去，历史文化古迹的命运也会随着时代的发展而改变。1952 年，石景山钢铁厂在北惠济庙北面建制氧厂，北惠济庙不可避免地受到影响。到 1958 年时，殿堂虽然基本还算完整，但山门、围墙、乾隆帝御制碑和乾隆帝御碑亭已不复存在。1958 年，大炼钢铁运动如火如荼，镇河铁牛被砸毁炼铁。1975 年，北惠济庙被完全拆除。改革开放后，人们的文物保护意识得到加强，对传统文化和文物古迹的作用有了新的认识。1995 年，首都钢铁总公司在北惠济庙原址重修了一座方形硬山顶的碑亭，四面各有拱券门。2021 年 8 月 27 日，北惠济庙雍正帝御制碑及碑亭被北京市人民政府公布为北京市文物保护单位。如今，北惠济庙已逐渐消失在历史的长河之中，此处仅余雍正帝御碑亭、一株古柏和一通雍正帝御制碑。

石景山庞村铁牛老照片（供图：韩立恒）

碑阴乾隆二十年（1755 年）御制阅永定河诗拓片

据（乾隆）《永定河志》记载："北惠济祠碑亭一座，乾隆十五年三月建。敬刊皇上御制《阅永定河诗》一章、御制《阅永定河堤示直隶总督方观承之作》一章。"那北惠济庙原真武殿后的乾隆帝御制碑命运如何？有没有保存下来呢？经过大家多方寻访，终于得知此碑先是被北京市文物研究所征集，后于1987年被调拨至北京石刻艺术博物馆收藏。

因乾隆帝御制诗而广为人知的治河名臣方观承

来到位于西直门白石桥长河岸边的北京石刻艺术博物馆，在室外的综合碑展区，我终于找到了北惠济庙的另一通石刻"御制阅永定河堤因示直隶总督方观承诗碑"。此碑立于清乾隆十五年（1750年）三月，螭首方座，体量高大。碑座四面都雕刻着二龙戏珠浮雕图案，碑身两侧行龙腾云浮雕图案，碑身四围边框线刻二龙戏珠纹饰。碑阳、碑阴题诗均为乾隆皇帝御笔，是其两次视察永定河堤时所作的两首五言诗。碑阳落款"乾隆庚午春三月阅永定河堤因示直隶总督方观承之作"，碑阴是乾隆皇帝巡视永定河诗刻。碑阳镌印"政在新民""乾隆御笔"两方，碑阴镌印"惟精惟一""乾隆宸翰"两方。

乾隆十五年（1750年）春天，乾隆皇帝亲视永定河大堤，以御制诗的形式向方观承面授机宜，提出治理永定河的方略。当时，乾隆皇帝将江南河道总督高斌的"豆班集河道决口修复图"（豆班集是黄河决口地点），展示给方观承，而方观承却敢于直言进谏，提出了自己的一套治河方针，建议取河中淤土用于加固堤防，这样

御制阅永定河堤因示直隶总督方观承
诗碑碑阳拓片

培堤与浚淤同步进行，一举两得。乾隆皇帝采纳了方观承的建议，同时也提出治河方针："朕谓就近取堤外之土以益堤，堤虽增而地愈下。宜取河中淤出新土用之，则培堤即寓浚淤之义，似为两得。"因为方法得当，治河大见成效。

乾隆皇帝在位期间，因永定河易决易淤，时常泛滥，忧心京师安危和沿河百姓生计，又苦于没有治河良策和治河能臣，颇为苦恼。这时，曾在河北永清县一带进行疏浚清淤的直隶总督方观承进入了乾隆皇帝的视线。一代名臣风云际会得以施展才干。

方观承高祖方拱乾、曾祖父方孝标均为清初著名词臣。方观承是典型的大器晚成，踏上仕途时已三十八岁，但他凭借杰出的才德，迎来了人生转折的重大机遇。乾隆元年（1736年），王奕清推荐方观承举博学鸿词，后为军机章京，累迁吏部郎中；乾隆七年（1742年），出为直隶清河道；乾隆十四年（1749年），升任直隶总督。

乾隆帝称赞他"以书记起用，古有今则无。有之祇一人，曰惟观承"。值得一提的是，方孝标被清廷视为犯有大逆之罪，而乾隆皇帝又是一个精明苛察的帝王，方观承能够得到如此重用，才干德行可见一斑。

方观承在直隶总督任上长达二十年之久，其关于治理永定河的建议基本上得到了乾隆皇帝的认可并加以实施，他也因此成为一代治河名臣。乾隆三十三年（1768年）七月，方观承患病卧床，乾隆帝专派御医前往诊治。八月十三日，方观承病逝于保定任所，终年七十一岁，谥"恪敏"，入祀直隶名宦祠。乾隆四十四年（1779年），乾隆帝御制怀旧诗，将其列入"五督臣"中。乾隆五十一年（1786年）三月，准入贤良祠。百姓同样对其怀念不已，"今公之亡也……燕赵之编蓬与幽并之边众，茫然丧其所怀"。

自古国以才治、业以才兴，康熙帝、雍正帝、乾隆帝三代帝王重用于成龙、方观承等能臣干吏，使永定河长期安澜，惠及京城和沿河两岸百姓，功莫大焉。于成龙、方观承等名臣因为得遇明主，大展宏图，留下了骄人的政绩和良好的官声。康雍乾一百三十多年的盛世，就是由康熙帝、雍正帝、乾隆帝三代帝王和众多像于成龙、方观承这样的名臣共同缔造并书写的。

现在收藏于北京石刻艺术博物馆的乾隆帝御制碑依旧高大挺拔，永定河畔的北惠济庙雍正帝御制碑及碑亭在遗址上也得到了很好的保护。北惠济庙西侧的永定河波光粼粼，水流不断，继续造福着北京。抚今追昔，历史只能带去似水年华的岁月，而那些为国家和民族做出巨大历史贡献的伟大人物将长存人心、万古长青。

"真龙"用"小龙" 无定变永定

历史上同名同姓的人不在少数，但同一时期姓名完全一致的两个人，且又都身居高位，得到同一位帝王的尊重和重用，这种情况就十分罕见了。康熙朝两位直隶巡抚于成龙，一位是被皇帝褒奖为"清官第一"的山西籍于成龙，字北溟（谥号"清端"），生于明万历四十五年（1617年）；另一位是治理北京"母亲河"永定河的功臣汉军镶红旗于成龙，生于清崇德三年（1638年），字振甲。两人相差二十一岁，当时民间流传谣谚"前于后于，百姓安居"，人们习惯称呼他们为大、小于成龙。今天距离两位于成龙共处于一个时空的时代已经过去了三百多年，但他们如丰碑般镌刻在史册中的名讳与功绩，至今仍在民间代代传颂。相对而言，小于成龙长期任直隶巡抚、直隶总督，与北京的关系更为紧密，因此在京华大地上留下的遗迹相对较多。

在北京市石景山区杨庄大街西侧特钢家属住宅楼北墙角处，存一于成龙墓地残损龟趺石座。1969年前后，区农委大院修建楼房，施工中出土了于成龙墓志铭，洋洋洒洒三千六百余字，由刑部尚书王士祯撰文，工部右侍郎英涵篆额，通政使司右通政阮尔洵书丹，现收藏于石景山区博物馆。

石景山区杨庄大街西侧特钢家属住宅楼北墙角

铁栏杆内的于成龙墓地残损龟趺石座

大于成龙举荐小于成龙，成就一段佳话

"三年清知府，十万雪花银""和珅跌倒，嘉庆吃饱"等说法，使人们对清代官场的黑暗腐败深恶痛绝。被称为"天下廉吏第一"的大于成龙，历仕顺治、康熙两朝，先被授予广西柳州罗城县知县，后历任知州、知府、道员等地方官，一直做到了按察使、布政使、巡抚、总督、兵部尚书、大学士等职。在他二十多年的宦海生涯中，始终清廉自守、多行善政，先后三次被举为"卓异"，以卓著的政

绩和清廉的操守，受到康熙帝的赞誉和百姓的爱戴。

作为一代圣主的康熙皇帝深知"能吏寻常见，公廉第一难"的道理，对以清廉闻名的大于成龙格外青睐。康熙二十年（1681年），他召见大于成龙，褒奖其为"清官第一"，并勉励他"为政当知大体，小聪小察不足尚。人贵始终一节，尔其勉旃！"并赏赐帑金千两，制诗褒奖。大于成龙自奉简陋，日常饮食以粗茶淡饭为主，任职期间不带家眷，去世时仅有一袭绨袍、数罐盐豉而已。百姓听说噩耗，纷纷罢市聚哭，还在家中绘制画像祭祀。

康熙帝听说大于成龙去世的消息后，赐祭葬，谥"清端"，称赞他说："于成龙督江南，或言其变更素行，及卒后，始知其始终廉洁，为百姓所称……居官如成龙，能有几耶？"又传谕大学士："朕博采舆评，咸称于成龙实天下廉吏第一。"《清史稿》评价其说："于成龙秉刚正之性，苦节自厉，始终不渝，所至民怀其德……之五人者（于成龙、彭鹏、陈瑸、陈鹏年、施世纶），皆自牧令起，以清节闻于时。成龙、世纶名尤盛，闾巷诵其绩，久而弗渝。"加赠太子太保，荫一子入监，再作诗褒奖。雍正年间，入祀贤良祠。

康熙二十三年（1684年），皇帝南巡至江宁，为嘉奖大于成龙的廉洁，勉励时任江宁知府的小于成龙说："尔务效前总督于成龙正直洁清，乃为不负。"并亲书手卷赐之。事实上，小于成龙就是大于成龙在康熙二十年（1681年）从直隶巡抚升任两江总督时向朝廷举荐的，这才从通州知州任上迁升江宁府知府。从小于成龙后来的卓越表现看，他没有辜负举荐人的信任。

中国古代政治文化，一贯崇尚能者在职、贤者在位，举贤不避亲仇，留下了许多逸事美谈。从春秋晋国大夫祁黄羊举荐仇人解狐和自己的儿子祁午，到著名的三国故事"徐庶走马荐诸葛"，再到推荐了王安石、司马光、曾巩和苏轼、苏辙兄弟的北宋文坛领袖欧阳修等,人们对"外举不避仇、内举不避亲"的荐贤故事津津乐道。大于成龙基于对小于成龙德行、才能的认可,出于公心,为国荐才,小于成龙不负信任,以前辈师长为榜样,清廉自守,勤政爱民,成就了一段两个同名同姓高级官员相知互励、皆成名臣的历史佳话。

"小龙"治水,永定安澜

龙是中华民族的图腾,古人将想象到的各种高超本领和优秀品德都集中在龙的身上,以龙为荣、为尊。在中国古代民间信仰中,龙作为水神的主要职责就是降雨除旱、治水灭火,昔日遍布民间的众多大小龙王庙即为明证。皇帝被称为真龙天子,康熙帝以帝王之尊,令小于成龙主持治理永定河,终获成功。老百姓将这件事用自己的语言形象地称为"真龙用小龙,无定变永定",表达了善良的人们对康熙皇帝知人善任和小于成龙为民除害兴利的感激之情。

小于成龙由荫生踏入仕途,康熙七年(1668年)任直隶乐亭知县,次年署滦州知州,康熙十八年(1679年)迁通州知州。他"清正有为,念恤民艰,首严苛派,岁饥请赈,实惠均沾。缮城垣,除积弊。未两年,政通事举",被直隶巡抚大于成龙欣赏。康熙二十年(1681年),大于成龙升任两江总督时,向朝廷举荐时任通州知州的小于成龙,康熙帝将其提升为江宁知府。

可能是爱屋及乌,也或许是小于成龙旗人的身份,康熙帝对他颇为看重,在康熙二十三年(1684年)南巡至江宁时,派大学士明珠传谕小于成龙,多加慰勉。返回京师后,立即擢升小于成龙为安徽按察使，赏赐其父于得水貂裘皮领，嘉奖其教子有方。康熙二十六年（1687 年），康熙帝称赞小于成龙"清正廉洁"，加太子太保。从此，小于成龙以清廉闻名朝野。康熙帝在封赠小于成龙父子的同时，又特别召集八旗汉军都统、副都统等官员，以小于成龙为例，"以示褒美廉吏至意"。

此后，康熙帝又多次称赞小于成龙居官清廉，将之树为官员中的楷模，屡次擢升。康熙三十一年（1692 年），小于成龙被任命为兵部尚书兼都察院右都御史，出任河道总督，开始了为期三年的第一次治理黄河工程。康熙三十四年（1695 年），噶尔丹侵扰蒙古，康熙帝第三次亲征，小于成龙奉命督运粮饷。他身先士卒，伐树铺路，及时运送军粮，受到皇帝嘉奖。

永定河，亦称卢沟河、浑河、无定河。上有两源，北为洋河，南为桑干河。两支在河北怀来县汇流，始称永定河。东流经官厅山峡，至三家店出山，入北京平原，从西北向东南方向穿京津，达天津入渤海。清代都城坐落在永定河冲积扇上，因此，北京既得永定河的水利，又遭永定河的水患。金代定都北京后，永定河防洪问题成为元、明、清三朝的大事。为了确保京城安全，明清两朝特别重视永定河的治理。

康熙七年（1668 年），永定河"决卢沟桥堤"，洪水涌入北京城。因此，治理永定河、防止水患发生成为清代至关重要的大事、要事。康熙三十七年（1698 年），浑河（今永定河）泛滥，两岸顿成泽国，百姓苦不堪言，灾民流离失所。小于成龙临危受命主持永定河全面治理成为划时代的历史事件，他修筑永清、固安浑河（今永定河）堤，并加以浚治："自良乡老君堂旧河口起，迳固安北十里铺、永清东南朱家庄，会东安狼城河，出霸州柳岔口三角淀，达西沽入海。"从此，永定河改东北流，"无河道迁徙达四十年"，康熙帝赐名"永定"。

小于成龙治理永定河是中国古代众多治水故事中的一个，他本人是中华民族不畏险阻、为民造福的又一英雄人物。上古时期，大禹治水三过家门而不入。进入明清，由于人口增加，对大自然开发索取加剧，黄河、淮河、永定河等经常决口成灾。这一时期涌现出了像明代的潘季驯，清代的杨方兴、朱之锡、靳辅、陈潢、于成龙、张鹏翮等一批治河能臣干吏。其中的河道总督朱之锡因积劳成疾，在治河任上病逝，年仅四十四岁。人们感念他的功绩，又怜恤他没有子嗣，民间有了他死后成为河神的传说。乾隆四十五年（1780年），高宗南巡河工，应大学士阿桂等人所请，封朱之锡为助顺永定侯，春秋致祭，后又加号"佑安"，民间称之为"朱大王"。

墓志铭撰文者为清初诗坛领袖王士祯

康熙朝两位名臣于成龙，之所以名垂千古、长盛不衰，除了他们异乎常人的才干、德行、功绩等，文学作品和文化大家的作用也不容忽视。比如，前些年热播的电视剧《于成龙》让大于成龙这位为民请命、为民做主、为民除害、为民造福的廉吏能臣重新走到了老百姓中间，再次变得家喻户晓。而受益于清初一代文宗王士祯为其亲撰墓志，治水名臣小于成龙的事迹不但变得广为人知，他的墓碑也因为王士祯的名人效应成为北京地区众多石刻中的名碑之一。

王士祯，字贻上，号阮亭，别号渔洋山人，山东新城人，清初诗坛领袖、文坛宗师。早年其诗被钱谦益赏识，康熙时继钱谦益而主盟诗坛，与浙江朱彝尊齐名，有"南朱北王"之称。顺治十五

收藏于石景山区博物馆的于成龙墓志

年（1658 年）进士及第，初授扬州府推官，历迁礼部主事、员外郎，晋户部郎中。康熙十七年（1678 年）特擢翰林院侍讲，次年转侍读；康熙二十三年（1684 年）任国子监祭酒，寻迁詹事府少詹事；康熙二十九年（1690 年）任兵部右侍郎；康熙三十三年（1694 年）改户部右侍郎；康熙三十八年（1699 年）拜左都御史；康熙四十三年（1704 年）终官刑部尚书。

在顺治朝，王士禛政绩卓著，声名远播。在康熙朝，他一生的事业达到顶峰。一次，康熙帝问大学士李霨："今世博学善诗文者孰最？"李霨回答说是王士禛，其他几位宰相冯溥、陈廷敬、张英也都同意李霨之说。康熙十七年（1678 年），圣祖召王士禛入对懋勤殿，同年又入直南书房。汉臣自部曹改词臣，自王士禛始。次年，王士禛被任命为《明史》撰修官，他按照"《明史》不可不成，公论不可不采，是非不可不明，人心不可不服"的要求，严格取材，认真写作，使《明史》成为史家公认的二十四史中质量上乘的一部。

王士禛为官四十五载，自顺治十六年（1659 年）扬州为官起，至康熙四十三年（1704年）罢官回乡，结交无数诗友、游士，其中不乏名流仕宦如钱谦益、朱彝尊、陈维崧、施润章等，在京期间更是提携无数后辈。为官期间他多次前往各地巡视督学，丰富的人生阅历和饱览壮美河山，都增加了他诗文作品的丰富性和厚度。王士祯自重其诗，不轻易为人下笔。大学士明珠做寿，徐乾学送去一幅金笺，请他题诗助兴，王士祯不屑献媚权贵，坚决推辞。康熙三十九年（1700年），小于成龙病故，"赐祭葬，谥襄勤"。对这位清廉自守、官声颇佳的同僚，王士祯心怀敬意，不吝笔墨，为其撰写墓志铭。

王士祯原名士禛，因避雍正帝讳，改名士正。乾隆帝赐名士祯，谥"文简"。后世"王士禛"或"王士祯"两存使用。王士祯多才多艺，于小说、戏曲、书画等方面都有所成就，他评论汉魏以来堪称"仙才"者，唯曹植、李白、苏轼三人，历来被人们认为最为精当、准确。因为同乡且同为小说家的缘故，王士祯与志怪小说《聊斋志异》的作者蒲松龄也有交往。

历史上还有一位与王士祯同名不同字，在隆庆、万历年间独领文坛二十年的领袖王世贞。王世贞是明代万历朝的南京刑部尚书，著名文学家、史学家、诗人，是明朝复古派"后七子"的领袖之一，与李攀龙并称"王李"。据说，因严嵩、严世蕃父子强夺王世贞家所藏的《清明上河图》不成，便借机报复杀害了王世贞之父王忬。为了复仇，王世贞愤而创作《金瓶梅》，以西门庆暗讽号为东楼的严世蕃的荒淫。《金瓶梅》标示作者为兰陵笑笑生，但他的真实身份一直成谜，不过，这本中国文学史上第一部由文人独立创作的长篇小说于晚明问世后，许多人坚信书的作者就是王世贞。非奇才焉能作此"奇情之书"？舍王之外，应无他人！

小小文光果 牵引大历史

一滴水可以折射太阳的光辉，一些小事往往能够牵引出大历史。康熙四十七年（1708年），皇太子胤礽第一次被废，揆叙升工部侍郎仍兼掌院学士，明珠去世。胤礽二次被废的第二年，正值康熙皇帝六旬万寿，从皇宫到京师到全国，都举行了盛大的欢庆仪式，这是康熙帝的一次重大人生庆典，也是影响中国命运走势的"九子夺嫡"进行得如火如荼之时。北京石刻艺术博物馆金刚宝座塔西侧寺观碑刻展区有数十株文光果（又名"文冠果"）树，树旁有一方康熙帝御制文光果诗刻石。每年初春时节，文光果诗刻石与文光果花朵交相辉映，历史与现实跨越时空在古老的五塔寺相遇，发人幽思，牵引出了康熙朝许多重要的历史人物和重大历史事件。

北京石刻艺术博物馆院内栽种的文光果树

揆叙改建瑞应寺为康熙皇帝六旬万寿精心准备的生日礼物

　　清圣祖康熙皇帝是我国历史上在内政、外交等方面取得显著成就的一位杰出帝王，开创了康雍乾盛世的繁荣景象。在中国古代，皇帝诞辰叫"万寿节"，为皇帝诞辰举行的庆祝活动称"万寿盛典"。康熙五十二年（1713年）三月十八日，是清圣祖玄烨的六旬万寿，这也是清朝皇帝第一次前所未有的万寿庆典。大臣们上奏请求以皇帝六旬万寿上尊号，举行大型庆典活动，并提议建造龙亭，立碑永载皇帝功德，没想到这些建议几乎都被康熙皇帝朱批驳回。自三月一日起，到月底为止，文武百官都穿朝服蟒袍补服前往畅春园恭贺圣寿。从皇宫到京师到全国，历时数十天，都举行了盛况空前的庆祝活动。

　　中国人讲究过年、过节和过寿送大礼，可是如何选择礼物，这是一件非常有学问的事情。满朝的文武全都行动起来，各显神通，积极为康熙帝准备寿礼。怎么能够别出心裁又不落俗套，讨得康熙帝的欢心，为自己的前程铺路搭桥，时任议政大臣都察院左都御史的揆叙同样也在绞尽脑汁地琢磨这个问题。

　　明珠的府邸花园坐落于什刹海地区的后海北岸，这里不仅有烟波浩渺的海子、遐迩闻名的银锭桥，还有环湖而建的护国寺、广化寺、拈花寺、龙华寺、贤良祠等"九庵一庙"。龙华寺，位于什刹海鼓楼西大街 152 号，紧邻明珠府邸，是当时什刹海著名的佛寺。该寺于明成化三年（1467 年）由锦衣卫指挥佥事万贵建造，万历五年（1577 年）重修，万历三十二年（1604 年）修缮，清顺治十三年（1656 年）再次重修。五十多年过去了，龙华寺已逐渐破败。

　　康熙帝笃信佛教，揆叙感念康熙帝的恩宠，为迎合康熙帝的崇佛思想，发愿改建龙华寺，虔诚敬奉香火，作为祝釐之所，恭祝康熙皇帝六旬万寿。揆叙"前指后画，公必躬亲"，亲自进行现场组织设计、施工。工程竣工后，令龙华寺再次光彩夺目地展现在世人面前，恰到好处地表达了贺寿之意。康熙皇帝龙颜大悦，亲自为寺院书丹"敕赐瑞应寺碑"，以取代原"龙华寺"旧名，取天降祥瑞，以应人君之德的说法。还为后阁题额"法云真际"，题联"花外梵音流慧日，阶前树色绕慈云"。这段历史被详细刻于汤右曾撰文的《敕赐瑞应寺碑记》中，"天子乃锡之嘉名，亲洒宸翰，蛟龙岌缠，炳在榜额"。揆叙撰文的《敕赐瑞应寺碑记》也记载："南山之寿，帝锡奎章，特标新额。腕力万钧，银钩铁画。"

　　从清乾隆《京城全图》上看，瑞应寺坐东北向西南，面临后海

收藏于首都博物馆的瑞应寺匾额（供图：丁炜）

瑞应寺匾额上的
"康熙御笔之宝"
（供图：丁炜）

北河沿，有三进院落，山门三间，左右开院门；前殿三间，东西各有偏殿三间；正殿五间，前有东西配殿各三间，后有排房两层各六间，自成院落。除此之外，院内还有顺山房等二十余间。道光年间，瑞应寺改名为心华寺，为拈花寺的下院，又名小龙华寺。清末为摄政王载沣的家庙，现为北海幼儿园分院，格局保存比较完整。

暮春时节的文光果花与金刚宝座塔

君臣诗文唱和折射出清代"崇儒重道、昌兴文化"基本文化国策

清廷在入关之初就已确立"崇儒尊道"的文化政策，崇儒重道、昌兴文化，后成为康熙帝执政时的基本文化国策。上至皇亲国戚，下到一般民众，持续兴起了学习汉文化热，康熙帝、雍正帝、乾隆帝都饱读诗书、通晓经典。

揆叙是康熙朝名相纳兰明珠次子，其兄为清代著名文人纳兰性德。揆叙既有出色的行政能力，又文采风流，文才实不亚于其兄。康熙三十七年（1698 年）冬，康熙帝令其与大学士张英,尚书王士禛、王鸿绪在南书房行走。南书房是内廷翰林作为皇帝文学侍从的值班办事之处，文人士子均以入直南书房为荣，而揆叙时年仅二十四岁。康熙三十八年（1699 年），扈从南巡。帝谓从臣曰："揆叙极是小心老成，居官甚好，学问文章满洲中第一。"揆叙年仅二十九岁就被擢拔为翰林院掌院学士，从康熙四十二年（1703 年）至康熙四十七年（1708 年），他一直任掌院学士，颇得康熙帝及朝臣认可，后又陆续兼任礼部侍郎、左都御史等职。揆叙兴趣广泛，亦善结交，与很多博学硕儒都有交往。

汤右曾，字西厓，又作西崖，康熙二十七年（1688 年）进士，选庶吉士，授编修，后官至吏部右侍郎兼翰林院掌院学士。汤右曾一生创作了大量诗歌作品，名满京华。

瑞应寺中，就留下了康熙帝与揆叙、汤右曾等人诗词唱和、惺惺相惜的历史佳话。康熙帝六旬万寿这年夏天，瑞应寺内种植的一棵文光果树硕果累累，还罕见地出现了并蒂果，这在当时被称为祥瑞。此事在碑文中被记载：广庭植木，文冠果实忽并蒂骈颗，青荧

光泽，迥殊他种……以为上甫赐额，瑞即应之。

当时，揆叙正随同康熙帝在热河避暑。寺僧便派人骑上驿马，连夜兼程奔赴塞外，将并蒂文光果送给揆叙观看。大家也都议论纷纷，说圣上刚为瑞应寺题写了额联，祥瑞即现，真是大吉之兆，是正当其时的"瑞应"。康熙五十一年（1712年）四月，揆叙与时任通政使司通政使汤右曾奉命教习庶吉士。汤右曾因刚升任经筵讲官、吏部右侍郎兼管翰林院学士事，赴热河谢恩，听闻此事，写了《文光果》一诗。

文光果花颜色变化与古代官员的官服品秩颇为相似

揆叙将此诗进献给康熙皇帝，康熙帝见诗中有赞美祥瑞之意，一时诗兴大发，遂作诗一首唱和。康熙帝在诗中称汤右曾为"诗公"，并表白自己对于祥瑞征兆并不看重，真正关心和喜欢的是风调雨顺、国泰民安。这段君臣唱和的佳话，被揆叙记载到了《瑞应寺并蒂文光果》中："祇园

收藏于北京石刻艺术博物馆的康熙帝御制文光果诗刻石

宠锡天章后，珍果联翩瑞气融。莲似并头沾法雨，鸟如共命集禅宫。新诗题品先投我，佳话留传始自公。更喜万人歌御藻，文光长烛塞垣中。"当年五月，揆叙将此诗刻石并嵌于瑞应寺东跨院内的照壁之上。

文光果折射出明珠家族从康熙至乾隆朝命运的兴衰

　　叶赫那拉是清代满族八大姓之一，明珠家族是该氏族最著名、最有影响力的世家，既是名门望族，又是皇亲国戚，产生了纳兰明珠、纳兰性德、纳兰揆叙等杰出人物。明珠父子与汉人文士关系密切，经历了从康熙至乾隆三朝兴起、鼎盛、衰落的过程。

　　明珠家族的兴起始自明珠，其历任吏部尚书、武英殿大学士等职，在国家制度建设、文化建设、祖国统一、缓和满汉关系等方面颇有建树。明珠注重与汉臣的交往，徐乾学、余国柱等都曾受明珠提携。性德之妻卢氏是汉军旗人、两广总督卢兴祖之女，揆叙之妻是耿精忠弟耿聚忠之女，明珠一女嫁一等伯李天保，性德两女分别嫁翰林院侍讲高其倬和年羹尧。如此频繁地与汉臣联姻，这在当时还是很少见的。

　　明珠与索额图分庭抗礼，甚至一度占据上风，逐渐为康熙所警觉。康熙二十七年（1688年）二月，在康熙帝的授意下，明珠遭到御史郭琇弹劾，被罢免大学士等要职后再未回到内阁。揆叙在康熙朝可谓终身荣宠，康熙五十六年（1717年）二月，揆叙逝于府第。康熙帝十分惋惜，赐谥"文端"，曰："掌院下世，再欲得如此一人，良不易得。"

清朝入关之前，皇嗣继承施行诸王共议下的推举制。康熙朝采取历朝推行之皇太子制度，册立嫡长子为太子。经过了太子胤礽的废而复立、继而又废，转而使用秘密建储的方法，这是汗位推选制以及嫡长子继承制后创造性使用的皇位继承制度。随着"四爷党""八爷党"的出现，诸皇子展开了争夺储位的激烈斗争。在众皇子中，皇长子胤禔之母惠妃是明珠堂兄弟索尔和之女。八阿哥胤禩之母良妃卫氏生胤禩时位份较低，胤禩是由皇长子之母，也就是明珠的堂侄女惠妃抚养长大，如此除胤禔外明珠等于又得一"皇子侄外孙"。揆叙年长胤禩七岁，二人之妻都是安亲王岳乐的外孙女，即所谓"连襟"。胤禩的订婚宴，就是由明珠等携皇帝赏赐前往。

在立新储君时，康熙帝不准宗室干预，又令群臣推举。以揆叙、阿灵阿等为代表的满洲异姓贵族积极参与推举胤禩，招致皇四子胤禛的防范和憎恨，由此给家族的衰落埋下伏笔。

在揆叙去世后的第六年，即雍正二年（1724年），世宗追论揆叙之罪，将揆叙削官去谥。雍正帝于乾清门听政后召诸满汉臣工，历数阿灵阿、揆叙罪行，雍正帝借二人让康熙帝"愤懑"为由，下令将阿灵阿墓上碑文磨去，改镌"不臣不弟暴悍贪庸阿灵阿之墓"，将揆叙墓上碑文磨去，改镌"不忠不孝柔奸阴险揆叙之墓"。且祸延其次子永福和管家安氏一族，做法之严厉实为有清一朝所罕见，明珠家族遭受重大打击。

到乾隆朝，清高宗弘历修正了其父对明珠和揆叙的部分做法，起用明珠家族后人瞻岱、承安。揆叙的四个孙女，其中一女嫁傅恒为妻，一女于乾隆六年（1741年）入宫，历贵人，最终晋封舒妃。后来承安获罪被抄家，虽留有佐领，明珠家族的政治影响力已丧失殆尽。

百年寺产管理碑讲述的光阴故事

　　清真寺是穆斯林进行礼拜等宗教功课，以及宗教教育、宣传等活动的中心场所。辽治下的幽州是其五都之一的南京，辽统和十四年即北宋至道二年（996年），北京地区最古老的清真寺——牛街礼拜寺正式出现。元明清大一统时期，北京作为政治、文化中心，聚集了大量穆斯林，也兴建和扩建了许多清真寺，著名的有牛街礼拜寺、东四清真寺、花市清真寺、清真礼拜永寿寺等。这些清真寺内的建筑艺术、文物古迹、经堂教育、历代石碑等都是穆斯林精神文化活动的历史沉淀和重要载体，也是弥足珍贵的历史文化遗产。

研究阜成门外关厢清真寺的重要载体

　　明嘉靖年间，北京外城的修筑使原居于城外的聚居区变成了城内地，外城、城关和近郊等地出现了大量新的回民聚居区。老北京城的内外城门，除崇文门、正阳门、宣武门外，靠近城门口外二三里的不少地方都被称为关厢。明代蒋一葵曾在《长安客话》中记载了当时平则门阜外关厢地区的风光：

　　　　从八里庄东抵都城，一路多僧寺。丹墙碧瓦，鳞错绣出。寺尽处人家稀阔，高垣颓圃，夹道皆是花果，艺植成列。杏子肥时，累累压墙外，行人可以手摘。盖半村半郭，正不失郊园风味。近平则门仅二里，为慈慧寺。

　　清初畿辅地区实行"旗民分治"政策，北京城由此划分为"满城"和"汉城"，形成了穆斯林逐渐向外城、关厢或郊区聚集的趋势，使得外城、关厢或郊区的清真寺也随之发展起来。北京城关地区的回民聚居区如阜成门外关厢、西直门外关厢、德胜门外关厢、安定门外关厢，都曾修建有清真寺。

　　石碑因为其质材坚固、保存年代久远，而成为重要历史文化信息的载体。北京的清真寺中存在着不少石碑，如牛街礼拜寺中明弘治年间的"敕赐礼拜寺记"碑和清光绪年间的"王友三王浩然述德碑"、花市清真寺中清雍正七年（1729年）的"雍正谕旨碑"和清乾隆年间的"重修礼拜寺碑记"碑、三里河清真礼拜永寿寺中的"率由旧章碑"等。这些石碑从不同角度反映了伊斯兰教教义、历史与文化，清真寺历史沿革、寺产管理等内容，是研究北京地区民

北京石刻艺术博物馆寺观碑刻展区全景　北京石刻艺术博物馆寺观碑刻展区近景

族、宗教、历史、文化等的重要实物资料。

　　阜成门外关厢清真寺的寺产管理碑，原址在北京市西城区阜成门北大街关厢清真寺，现收藏于北京石刻艺术博物馆金刚宝座塔西北侧寺观碑刻展区。该碑立于民国二十三年（1934 年）五月立，为青白石质地，方首方座，碑高 139 厘米，宽 55 厘米，厚 16 厘米；座高 51 厘米，宽 90 厘米，厚 36 厘米；额题"万古流芳"。碑文前半部分记述民国著名教育家马振五和京剧名家马连良的父亲马西园等爱国爱教的贤达，捐赠给阜成门外关厢清真寺经学师生房屋等事迹，后半部分为捐"乜贴"题名及金额。"乜贴"是阿拉伯文 Niyyh 的音译，意为"心愿""决心""意念""动机"等，经堂语为"举意"，包含慈善、周济、施舍、捐助等意义。"乜贴"是普遍存在于穆斯林群体中的一种特殊经济文化现象，北京地区清真寺的经济来源主要靠向穆斯林写"乜帖"，穆斯林依据个人的经济能力对清真寺进行捐助。阜成门外关厢地区清真寺寺产管理碑，记载了魏文魁等一些头面人物或有一定经济实力的商人、企业家二十余人捐"乜贴"题名及金额，此碑亦称"乜贴碑"。

　　碑文抄录如下：

阜成门外关厢清真寺财产管理碑及拓片

　　盖维本寺素乏基金供给，经学师生恒感困难。兹承湖南马振五部长暨本寺董事马西园先生合购本寺西南角郝□房产一所，计大小房拾贰间，详载契约。价银伍百圆，两家各出半数，所有税契立碑。修补等费共计贰百余圆，由本郡众董事摊办。嗣后，此产永为本寺所有，不得变卖及抵当，每月租金收入，以供本寺经学师生津贴，不得移作他用。契纸财政，由现任教长同从董事经理。及每年开斋大节，本寺教长或董事率领学生，赴两家坟院诵经，世守罔替，兼代照管。守坟院人勿使其坟院内屋宇、墙垣、树株等物拆毁砍伐，以示纪念。如现任阿衡临别时，请董事人公同将契纸财政交清，商议请阿衡。到时，经理人将契纸财政仍交现任阿衡经理。振五部长坟院在三里河寺西二里许晾果树凤凰嘴，西园先生坟院在本街西头路北。合并记之。

寺内原存乜贴七十元，魏文魁乜贴十元，□□□乜贴五元，宛孟□乜贴□元，万□□乜贴二元，杨□□乜贴一元，赵□南乜贴十元，魏□□乜贴十元，□□山乜贴五元，张松山乜贴五元，白玉宗乜贴二元，王凤冏乜贴一元，□长□乜贴十元，张□乜贴五元，杨□裕乜贴五元，马德旺乜贴二元，杨登华乜贴二元，王虎目乜贴十元，杨□□乜贴十元，杨殿义乜贴五元，和生号乜贴二元，西裕兴乜贴二元，宛起瑞乜贴二元，马沛霖乜贴五元，朱德宽乜贴五元，杨幼馨乜贴二元，宛玉旺乜贴二元，零户乜贴十余元。

董事人仝启

中华民国二十三年五月立

古寺飘荡读书声，有识之士解囊办教育

元代清真寺已在发挥其宗教教育功能，中国"清真寺内设学之风"始于明朝，陕西咸阳渭城人胡登洲（字明普）是中国清真寺教育（即经堂教育）的开拓者。明末清初，经堂教育（或称"寺"的教育）逐渐在北京兴起，民国年间，北京清真寺的经堂教育得以进一步发展。清光绪三十三年（1907年），著名教育家王浩然阿訇、王友三与达浦生等人在牛街礼拜寺创办了"回文师范学堂"；清宣统元年（1909年），崇外手帕胡同清真寺成立了清真小学；1929年，

马松亭创办的成达师范学校由山东济南迁到东四牌楼清真寺。

阜成门外关厢地区清真寺捐献碑文中提到的"湖南马振五部长"，就是著名教育家马邻翼（字振五）。1908年，马邻翼调任清廷学部出任主事，由此来到北京。王宽、王浩然在牛街礼拜寺内创建京师清真第一两等小学堂，马邻翼积极筹划并担任监督。1912年，在民国政府推行"五族共和"的政策背景下，马邻翼（时任教育部参事）与王浩然阿訇、张子文等穆斯林知识分子联合发起成立中国回教俱进会。他将自己的字"振吾"改为"振五"，意在"振兴五族"。

1912—1919年间，马邻翼在甘肃办学七年，创办回民学校一百多所，培养了大量人才。1928年，马邻翼参与在牛街旧守备署衙门原址创办了清真中学，并任副董事长。1929年，马邻翼担任北平成达师范校董，积极更新课程设置，改进教学方法，使得成达师范发展成为新式学校。

碑刻中提到的"本寺董事马西园先生"，是京剧大家马连良的父亲。马连良的祖父马永祥于咸丰年间定居北京，在阜成门箭楼对面开了一家茶馆，人称"门马茶馆"。门马茶馆设有清音桌，常有京戏票友、名家前来演唱，非常热闹，是京城内一处闻名遐迩的京戏票房。因为对京戏的喜爱，马西园将儿子马连良送入喜连成科班学戏。后来马连良终成一代名家，为马派老生创始人，"四大须生"之首。

马西园热心教门公益，人称"马善人"。1908年，他参与在崇文门外花市清真寺内创立了清真公立第五初等小学堂，1912年改为清真文化小学，1929年又改为北平清真第二小学，马西园积极捐资并出任董事长。1928年，牛街地区的回民青年在麻刀胡同创办了私立中才小学，受到马西园的赞许和支持，他襄助盛事，出任学校董事，并将自己珍藏多年的风琴借给学校用于音乐教学。

从寺产管理碑引出的三里河回民墓地

随着伊斯兰教的发展和传播，清真寺的功能也逐渐丰富起来，穆斯林的婚丧嫁娶、庆祝节日、宰牲、纪念亡人等日常生活都与清真寺密不可分。北京穆斯林丧葬仪式一般会在清真寺进行，穆斯林"归真"（亡故）后，其亲属会到清真寺里为其举行殡礼仪式，即由阿訇带领大家为亡人举行的一种祈祷和送别仪式。殡礼仪式完成后，由大家一起把"埋体"（亡人）抬送到墓地安葬。

北京阜成门外三里河清真寺始建于明代万历年间，原名"清真礼拜永寿寺"，因该寺东侧原有三里河流过而得名。这个清真寺与北京其他清真寺修建地点不同，它是因地处一个规模较大的回民公墓旁而修建，久而久之，三里河清真寺的周围也由此成为明清以来北京穆斯林最大的公共墓地，直至新中国成立，绵延了数百年之久，坟茔数量很大。许多重要的穆斯林名人安葬于此，如著名的伊斯兰教先贤王岱舆、王浩然等。1935年，马西园因病归真。1938年，马邻翼在北平归真。二人皆葬在北京三里河回民墓地。

清真寺的一项重要功用是纪念亡故先贤集会的场所。人们除了游坟，往往还会到寺里请阿訇上殿，为亡人念经祈祷或在游坟前后前往寺内，讲述先贤事迹，缅怀逝者，激励后人。每年开斋节等重大节日，阜成门外关厢清真寺的阿訇还会带领穆斯林群众在清真寺内举行会礼。

　　伊斯兰文化作为世界四大文化体系之一，影响深远，信徒众多。中华文明的一大特点和优点就是它的包容开放、兼收并蓄，自从伊斯兰教进入中国后，它与中华文明长期交往、交流、交融，互鉴共进，美美与共，丰富和赋予了中华民族文化新的内涵。北京的清真寺虽然已有上千年的历史，但随着历史的流逝和岁月的变迁，现存的建筑实物、石刻文物等数量不多，弥足珍贵。今天的阜成门外、西直门外关厢，早已失去了半村半城的"郊园风味"，阜成门外关厢清真寺和三里河回民墓地，也在今日现代化的都市里成为人们记忆中的地理名词。北京石刻艺术博物馆收藏的这通阜成门外关厢清真寺寺产管理碑，对研究北京伊斯兰教的历史和文化具有重要的史料价值和文化遗产意义。

北京唯一的『总理奉安纪念碑』

孙中山先生是杰出的爱国主义者和民族英雄，是中国民主革命的伟大先行者。他为推翻帝制、创建民国，实现民族独立、人民解放和中国现代化做出了不可磨灭的巨大贡献，深受中国人民爱戴和敬仰。孙中山先生早年的革命活动主要在海外华侨群体中和中国南方地区开展，在他生命的最后一年，他受爱国将领冯玉祥之邀，北上来到北京。为谋求国内和平，他殚精竭虑，因过度操劳导致病情恶化，最后病逝于北京。孙中山先生逝世后，停灵于西山碧云寺，后来南京国民政府决定于 1929 年 3 月 12 日，即孙中山先生逝世四周年纪念日，在南京东郊紫金山中山陵举行孙中山先生灵柩的奉安大典。后因南京连降雨雪，大典延至 1929 年 6 月 1 日举行。

1929 年孙中山先生奉安大典时兴建了五通纪念碑，统称"总理奉安纪念碑"。这五通纪念碑，一通原在北京颐和园，现收藏于北京石刻艺术博物馆；一通在北海公园，由北平"反日会"兴建，当年即被国民党推倒；一通在汉口中山公园，后为日寇所毁；一通在上海江湾镇，毁于"一·二八事变"；唯一尚在原址保护的，是山东泰安的"总理奉安纪念碑"，现为泰山一景。此外，在北京中山公园还有一通鲜为人知的"总理奉安纪念碑"，碑文由近代著名学者刘文典撰写，用

孙中山先生的灵柩移出碧云寺石塔老照片（供图：高云昆）

词典雅准确，比较完整全面地概括了中山先生的生平事迹、贡献作用、思想特点等，很见功力和水平，是难得一见的大家手笔，也是近现代碑文的出类拔萃的作品。不幸的是，这样一通石碑由于抗日战争的原因，在 1938 年 6 月被日军劫掠后下落不明，殊为可惜。

唯一一通留存北京的总理奉安纪念碑

"奉安"原是古代帝王或圣贤安葬时的专用名词，后指国家元首的灵柩下葬仪式。鉴于孙中山先生对中国革命的巨大贡献及在人民心目中的崇高威望，他逝世后，国内外革命群众举行了一系列纪念活动，缅怀中山先生的崇高精神、伟大功绩和革命遗产，他在广

大人民心中的地位也不断提升和强化。1924 年中国国民党广州市特别党部发布的青年党员大会宣言中，第一次尊其为"国父"。1940 年 4 月 1 日，国民政府通令全国，正式尊称孙中山先生为"中华民国国父"。正是基于孙中山在中国革命中做出的巨大贡献和在广大人民群众中的崇高威望，中山先生被海内外中国人共同尊为"国父"，这也是孙中山先生奉安纪念碑命名的由来。

目前收藏于北京石刻艺术博物馆的孙中山先生奉安纪念碑，原在颐和园东宫门牌楼西北侧，立于 1929 年 6 月。该碑为花岗岩材质，通高 1.83 米，上边长 0.22 米，下边长 0.31 米。由碑座、碑体、碑首三部分组成。碑阳铭文为"中国国民党总理孙中山先生奉安纪念碑"，碑阴刻立碑年月"中华民国十八年六月一日立"。碑体上部为三面状，寓意为"三民主义"；下部为五面状，寓意"五权宪

收藏于北京石刻艺术博物馆的孙中山先生奉安纪念碑及拓片

法""五族共和"。整体独具匠心，构思精巧，寓意深远，远看犹如一个"文"字，暗合了中山先生的本名"孙文"。

孙中山先生与北京的历史渊源

北京是一座有着三千多年建城史、八百多年建都史的历史文化名城，也是一个在近代中国民主革命中引领时代潮流、涌现众多英烈的革命城市。孙中山先生出生在广东香山，即今天的中山市，他早期的革命活动也主要在中国南方开展，但他与北京仍有较多的交集和很深的历史渊源。

辛亥革命爆发后，袁世凯窃取了革命的果实，民国政府也从南京迁至北京。"无量头颅无量血，可怜购得假共和"，为维护辛亥革命成果，反对袁世凯称帝活动和北洋军阀的倒行逆施，孙中山先后领导发动了"二次革命""护法运动""护国战争"，继续为中国革命和民族独立操劳奔波。从 1922 年开始，在中国共产党和苏俄的帮助下，孙中山对国民党逐步进行了改组，并实行了"联俄、联共、扶助农工"三大政策，酝酿了新三民主义。1924 年 1 月，中国国民党一大在广州召开，正式确立了新三民主义，孙中山也使自己的思想实现了从旧民主主义到新民主主义的飞跃。

1924 年 10 月，在直奉战争激战正酣之际，冯玉祥发动北京政变，囚禁贿选总统曹锟，取得了北京中央的政权。他电邀孙中山北上，商讨和主持解决实际问题。为实现全国和平统一，孙中山带病北上，并在途中发表《北上宣言》，重申反对帝国主义和军阀的主张，一路辗转经香港抵达上海，后又取道日本，途经天津，于当年

12月31日到达北京。在北京前门火车站，孙中山受到了数万市民、学生、各界人士的守候迎接，现场彩旗、标语、传单、号外漫天飞舞，场面甚为壮观热烈。

孙中山抵达北京时，北京已经成立了以段祺瑞为首、奉系军阀张作霖积极参与的临时政府，冯玉祥受到了排斥，形势异常严峻复杂。孙中山拒绝与对外卖国妥协、对内压迫人民的段祺瑞政府妥协，拒不参加段、张主导的"善后会议"，并积极筹备召开了由各界爱国民众参加的国民会议。由于大量而紧张的社会活动，孙中山原本就很严重的肝癌病情不断恶化，最终住进北京协和医院。1925年3月初，孙中山病情不断恶化，经协和医院全力抢救后宣告救治无效，于3月12日上午9时30分在北京东城区铁狮子胡同五号住所溘然长逝，终年五十九岁。

孙中山弥留之际，念兹在兹的依然是国家民族的解放与独立，是人民的幸福生活。他于3月11日留下了三份遗嘱，分别是《国事遗嘱》《家事遗嘱》和《致苏联遗书》。前两份由孙中山口授，汪精卫笔录；第三份由孙中山以英文口授，陈友仁等笔录。其中流传很广、影响很大的"革命尚未成功，同志仍须努力"，就是《国事遗嘱》中的名句。

孙中山突然离世，引发了全国人民和世界革命人民的广泛纪念和深切哀悼。当时，北京中央公园（现为中山公园）举行公祭，十天之内到孙中山灵前致祭的各界人士七十余万人。此外，国内的南京、广州、上海、香山等地，和孙中山战斗过的东京、横滨、伦敦、纽约、巴黎、旧金山、新加坡等地，也都举行了声势浩大的追悼活动。

由于当时南北分裂对峙，国家尚未统一，因此孙中山的灵柩被移往北京香山碧云寺普明妙觉殿，4月2日移至碧云寺内最高处的

灵柩被移至碧云寺塔院时的老照片（供图：高云昆）

金刚宝座塔内暂厝。移灵当日送行的各界群众三十多万人。一件比较巧合的事情是，目前被北京石刻艺术博物馆收藏的这座"总理奉安纪念碑"，就安放在真觉寺金刚宝座塔旁边的展厅之中。不禁令人感叹，冥冥中自有天意。

1929年6月1日，根据孙中山生前遗愿，他的遗体被安葬在南京紫金山中山陵。孙中山灵柩前往南京时，曾在碧云寺设立灵堂，举行了隆重的公祭和哀悼活动。之后，这里被辟为"孙中山纪念堂"，悬挂在门楣的匾额上是由宋庆龄亲书的"孙中山纪念堂"六个大字。

新中国成立前夕，毛泽东、刘少奇、周恩来、朱德、任弼时"五大书记"率队"进京赶考"，中共中央驻地就设在北京香山双清别墅。2018年4月23日，香山革命纪念馆开始建设，后被授予全国爱国主义示范基地、北京市廉政教育基地、北京市爱国主义教育

北京香山碧云寺金刚宝座塔孙中山先生衣冠冢

基地等称号。香山地区因为拥有数量众多、规格很高的革命遗址、革命圣地，成了人们缅怀先辈业绩、接受传统教育、弘扬爱国主义精神的重要场所。

奉安纪念碑代表并体现了民国时期墓碑的新形制

1840 年爆发的鸦片战争，开启了中国近代史的历史进程。这一时期快速而剧烈的社会变革，被李鸿章称为"三千年未有之大变局"。西方文化的强势入侵，给中国带来了各种社会思潮的相互交流、激荡、碰撞，各种新思想、新观念、新事物层出不穷。反映在这一时期的石碑上面，在形式和内容上脱离了封建帝制的阴影，摆脱了等级制度的束缚，自由创作之风日盛，盛行于西方的方尖碑与中国传统的石碑折中融合，成为当时新旧交替之际广泛流行的一种石碑新形式。

方尖碑外形呈尖顶，方形柱，由下而上逐渐缩小，顶端形似金字塔，是除金字塔外古埃及最富特色的象征，是古代埃及的重要文化遗产之一。它最早出现于埃及古王国第五王朝，新王国时广为流行，它不仅有神圣的宗教意义以及通天等丰富的寓意，而且是国王加冕的一项重要仪式。作为埃及王权的象征，方尖碑历来是外族入侵劫掠的重要对象。从最早的亚述人，到后来的罗马帝国，大批方尖碑被作为战利品劫掠到欧亚各地。罗马帝国延续了古埃及方尖碑作为纪念碑的传统，将方尖碑竖立在广场、寺庙前，成为古罗马文化不可分割的一部分。文艺复兴时期，复古风潮席卷欧洲，大批方尖碑被作为古罗马文化的遗物，从遗址中出土并被重新竖立。随着拿破仑入侵埃及，又有一大批方尖碑被从埃及带入欧洲。著名的巴黎协和广场的方尖碑便是在这样的背景下被竖立的。

方尖碑作为欧洲古典主义纪念碑的典型造型，在辛亥革命前后传入中国，并开始广泛流行。1913 年，为纪念保路运动修建的辛亥秋保路死事纪念碑，是中国近代资助建造的首批方尖碑之一。另一个民国早期的方尖碑实例是建于 1921 年的广州黄花岗七十二烈士墓碑，1931 年的广州中山纪念碑则在方尖碑基础上融入本土元素，形成变体。三者共同体现了民国早期纪念碑建筑的西风东渐。抗战时期，中国军民伤亡惨重，为缅怀纪念英烈忠魂，激励全民族共同对敌抗战，各地陆续掀起为抗战阵亡将士修建烈士墓及纪念碑的浪潮。

目前北京地区现存比较知名的方尖碑，有"三一八殉难烈士范士融、刘和珍、杨德群纪念碑"，中国共产党早期的杰出领导人高君宇碑等。收藏于北京石刻艺术博物馆的孙中山先生奉安纪念碑，也是一通民国时期新形制的方尖碑，是北京地区乃至国内方尖碑的代表作品之一。

后记

本书由近几年我陆续在报刊发表的文章编撰而成，经过后续思考和修正，补充了更多的照片和拓片资料。

在此，非常感谢《北京纪事》编辑郎永、《北京日报》编辑刘扬、《北京晚报》编辑杨昌平、《北京青年报》编辑王勉对我写作的指导与引领，也感谢北京石刻艺术博物馆丰富多样的馆藏、自由而蓬勃的学术环境、愉悦向上的工作氛围。感谢北京日报出版社为本书的出版给予的大力支持。感谢郎永、刘扬、杨昌平、王勉老师不吝笔墨，为我的书做推荐。感谢北京石刻艺术博物馆开放部董芳主任统筹主编，做了大量工作。感谢李凡、楚济学、熊炜、韩立恒等老师悉心指导，并无偿提供照片。感谢史贵生逐字核对碑文及纠正病句和错别字，付出了辛勤劳动。感谢李丽华老师妙笔生花为本书题写书名，感谢高漠老师精心绘制插图。感谢一直以来关心和鼓励我的师友。

最后，本书虽然得到了大家的支持和帮助，由于本人水平有限、经验不足，在写作过程中难免出现遗漏和错误，恳请方家指正！

闫霞

2025 年 1 月